AF393143

Horst Schulz

Einbürgerungstest Deutschland 2025

Alle Fragen - Alle Antworten
+ Bundesländer Fragen

Bibliografische Information der Deutschen Nationalbibliothek
Die Deutsche Nationalbibliothek verzeichnet diese Publikation in der
Deutschen Nationalbibliografie, detaillierte bibliografische Daten
sind im Internet über http://dnb.d-nb.de abrufbar

1. Auflage Januar 2025

Haftungsausschluss
Alle Angaben in diesem Buch wurden sorgfältig recherchiert, sie erheben aber keinen Anspruch auf Vollständigkeit oder frei von Fehlern zu sein. Insbesondere können weder Autor noch Herausgeber oder Verlag eine Haftung für Schäden oder Verluste übernehmen, die dem Leser dadurch entstehen könnten, dass er ausschließlich auf eine Information vertraut, die er diesem Buch entnimmt.

Verlag: BoD · Books on Demand GmbH, In de Tarpen 42, 22848 Norderstedt, bod@bod.de
Druck: Libri Plureos GmbH, Friedensallee 273, 22763 Hamburg
ISBN: 978-3-7693-0042-0

Hinweis:

Die richtigen Lösungen zu den Antworten auf die
Fragen zum Einbürgerungstest in Deutschland sind in
diesem Buch mit einem ☒ gekennzeichnet.

Der Einbürgerungstest in Deutschland

Die Geschichte des Einbürgerungstests in Deutschland begann in den 1990er Jahren, als das Land sich intensiver mit der Integration von Einwanderern und Flüchtlingen beschäftigte. Zu dieser Zeit wurde diskutiert, wie wichtig es ist, den Einwanderern die deutsche Sprache und Kultur zu vermitteln, um ihre Integration zu fördern.

Im Jahr 1998 führte das Bundesamt für Migration und Flüchtlinge (BAMF) einen Integrationskurs ein, der sowohl die deutsche Sprache als auch kulturelle Aspekte vermittelte und auf die Einbürgerung vorbereitete. Dieser Kurs bestand aus einem Sprachkurs und einem Orientierungskurs, in dem die Teilnehmerinnen und Teilnehmer Wissen über das Leben in Deutschland erwerben konnten.

Im Jahr 2005 entschied die Bundesregierung, einen verpflichtenden Einbürgerungstest einzuführen, um sicherzustellen, dass die Einbürgerungskandidaten ausreichende Kenntnisse der deutschen Sprache und Kultur besitzen. Der Test wurde als Teil des Integrationskurses entwickelt und sollte ursprünglich 100 Fragen umfassen.

Nach intensiver öffentlicher Debatte wurde der Test auf 33 Fragen reduziert und konzentriert sich seitdem auf die Bereiche Geschichte, Politik, Kultur und Recht in Deutschland. Der Test wurde 2008 eingeführt und ist seither ein wesentlicher Bestandteil des Einbürgerungsprozesses in Deutschland.

Seit seiner Einführung hat der Einbürgerungstest mehrere Anpassungen erfahren, um den aktuellen Anforderungen gerecht zu werden. Im Jahr 2019 wurde der Test um Fragen zur Gleichstellung der Geschlechter und zum Klimaschutz erweitert.

Der Einbürgerungstest in Deutschland ist seit seiner Einführung umstritten. Kritiker bemängeln, dass der Test zu sehr auf Faktenwissen fokussiert ist und nicht ausreichend die praktischen Fähigkeiten der Einbürgerungskandidaten berücksichtigt. Dennoch wird der Test allgemein als ein wichtiger Schritt zur Förderung der Integration und des Verständnisses der deutschen Sprache und Kultur angesehen.

Der Einbürgerungstest ist ein Multiple-Choice-Test mit 33 Fragen, der das Wissen der Einbürgerungskandidaten über die deutsche Geschichte, Kultur, Politik und das Rechtssystem prüft. Der Test wird in der Regel direkt nach dem Orientierungskurs des Integrationskurses abgelegt.

Allein reicht der Test jedoch nach Auffassung vieler nicht zur Integration aus. Das bloße Lesen von Fragen und Auswendiglernen der Antworten führt nicht zu einem tiefen Verständnis. Deshalb enthält dieses Buch nicht nur weiterführende Informationen zu jeder Testfrage, sondern auch einen Einführungsteil, der die Bundesrepublik Deutschland in den Bereichen Politik, Gesellschaft, Wirtschaft, Geographie, Geschichte, Landwirtschaft, Tourismus, Kultur, Religion, Gesundheits- und Rechtssystem, Bildung, Integration, Infrastruktur und Umweltschutz vorstellt. Dies bietet Integrationswilligen die Möglichkeit, sich nicht nur oberflächlich vorzubereiten, sondern sich tatsächlich umfassend über das Land zu informieren, in dem sie künftig gut integriert leben möchten.

Mit dem neuen Einbürgerungsgesetz 2024 soll die Einbürgerung bereits nach fünf Jahren oder bei besonderen Integrationsleistungen nach drei Jahren beantragt werden können.

Hier sind die wichtigsten Änderungen im neuen Einbürgerungsgesetz einfach erklärt:

Verkürzte Aufenthaltsdauer:

Man kann die deutsche Staatsbürgerschaft jetzt schon nach fünf Jahren bekommen, statt wie bisher nach acht Jahren. Bei besonders guter Integration, wie zum Beispiel durch gute Sprachkenntnisse oder ehrenamtliches Engagement, sogar schon nach drei Jahren.

Mehrstaatigkeit erlaubt:

Es ist jetzt möglich, mehrere Staatsangehörigkeiten zu behalten. Man muss seine alte Staatsbürgerschaft also nicht mehr aufgeben, wenn man Deutscher werden möchte.

Erleichterungen für bestimmte Gruppen:

Besonders für ältere Menschen und junge Leute gibt es weniger strenge Anforderungen. Zum Beispiel wird bei älteren Menschen auf Sprachtests verzichtet, wenn sie bestimmte Voraussetzungen erfüllen.

Bessere Integration von Gastarbeitern:

Die Regeln für Gastarbeiter der ersten Generation werden gelockert. Wer lange in Deutschland lebt, kann leichter die Staatsbürgerschaft bekommen.

Automatische Einbürgerung für in Deutschland geborene Kinder:

Kinder, die in Deutschland geboren werden, bekommen automatisch die deutsche Staatsbürgerschaft, wenn ein Elternteil seit mindestens fünf Jahren rechtmäßig in Deutschland lebt.

Diese Änderungen sollen die Einbürgerung erleichtern und die Integration fördern.

Der Einbürgerungstest in Deutschland

Die Prüfungsfragen

Frage Nr. 1

In Deutschland dürfen Menschen offen etwas gegen die Regierung sagen, weil ...

- ☐ hier Religionsfreiheit gilt.
- ☐ die Menschen Steuern zahlen.
- ☐ die Menschen das Wahlrecht haben.
- ☒ **hier Meinungsfreiheit gilt.**

Frage Nr. 2

In Deutschland können Eltern bis zum 14. Lebensjahr ihres Kindes entscheiden, ob es in der Schule am ...

- ☐ Geschichtsunterricht teilnimmt.
- ☒ **Religionsunterricht teilnimmt.**
- ☐ Politikunterricht teilnimmt.
- ☐ Sprachunterricht teilnimmt.

Frage Nr. 3

Deutschland ist ein Rechtsstaat. Was ist damit gemeint?

- ☒ **Alle Einwohner / Einwohnerinnen und der Staat müssen sich an die Gesetze halten.**
- ☐ Der Staat muss sich nicht an die Gesetze halten.
- ☐ Nur Deutsche müssen die Gesetze befolgen.
- ☐ Die Gerichte machen die Gesetze.

Frage Nr. 4

Welches Recht gehört zu den Grundrechten in Deutschland?

- ☐ Waffenbesitz
- ☐ Faustrecht
- ☒ **Meinungsfreiheit**
- ☐ Selbstjustiz

Frage Nr. 5

Wahlen in Deutschland sind frei. Was bedeutet das?

- ☐ Man darf Geld annehmen, wenn man dafür einen bestimm
  ten Kandidaten / eine bestimmte Kandidatin wählt.
- ☒ **Der Wähler darf bei der Wahl weder beeinflusst
  noch zu einer bestimmten Stimmabgabe gezwungen
  werden und keine Nachteile durch die Wahl haben.**
- ☐ Nur Personen, die noch nie im Gefängnis waren, dürfen
  wählen.
- ☐ Alle wahlberechtigten Personen müssen wählen.

Frage Nr. 6

Wie heißt die deutsche Verfassung?

- ☐ Volksgesetz
- ☐ Bundesgesetz
- ☐ Deutsches Gesetz
- ☒ **Grundgesetz**

Frage Nr. 7

**Welches Recht gehört zu den Grundrechten, die nach der deut-
schen Verfassung garantiert werden? Das Recht auf ...**

- ☒ **Glaubens- und Gewissensfreiheit**
- ☐ Unterhaltung
- ☐ Arbeit
- ☐ Wohnung

Frage Nr. 8

Was steht nicht im Grundgesetz von Deutschland?

- ☐ Die Würde des Menschen ist unantastbar.
- ☒ **Alle sollen gleich viel Geld haben.**
- ☐ Jeder Mensch darf seine Meinung sagen.
- ☐ Alle sind vor dem Gesetz gleich.

Frage Nr. 9

Welches Grundrecht gilt in Deutschland nur für Ausländer / Ausländerinnen? Das Grundrecht auf ...

- ☐ Schutz der Familie
- ☐ Menschenwürde
- ☒ **Asyl**
- ☐ Meinungsfreiheit

Frage Nr. 10

Was ist mit dem deutschen Grundgesetz vereinbar?

- ☐ die Prügelstrafe
- ☐ die Folter
- ☐ die Todesstrafe
- ☒ **die Geldstrafe**

Frage Nr. 11

Wie wird die Verfassung der Bundesrepublik Deutschland genannt?

- ☒ **Grundgesetz**
- ☐ Bundesverfassung
- ☐ Gesetzbuch
- ☐ Verfassungsvertrag

Frage Nr. 12

Eine Partei im Deutschen Bundestag will die Pressefreiheit abschaffen. Ist das möglich?

- ☐ Ja, wenn mehr als die Hälfte der Abgeordneten im Bundestag dafür sind.
- ☐ Ja, aber dazu müssen zwei Drittel der Abgeordneten im Bundestag dafür sein.
- ☒ **Nein, denn die Pressefreiheit ist ein Grundrecht. Sie kann nicht abgeschafft werden.**
- ☐ Nein, denn nur der Bundesrat kann die Pressefreiheit abschaffen.

Frage Nr. 13

Im Parlament steht der Begriff „Opposition" für...

- ☐ die regierenden Parteien.
- ☒ **alle Abgeordneten, die nicht zu der Regierungspartei/den Regierungsparteien gehören.**
- ☐ die Fraktion mit den meisten Abgeordneten.
- ☐ alle Parteien, die bei der letzten Wahl die 5%-Hürde erreichen konnten.

Frage Nr. 14

Meinungsfreiheit in Deutschland heißt, dass ich ...

- ☐ auf Flugblättern falsche Tatsachen behaupten darf.
- ☒ **meine Meinung in Leserbriefen äußern kann.**
- ☐ Nazi-Symbole tragen darf.
- ☐ Meine Meinung sagen darf, solange ich der Regierung nicht widerspreche.

Frage Nr. 15

Was verbietet das deutsche Grundgesetz?

- ☐ Militärdienst
- ☒ **Zwangsarbeit**
- ☐ freie Berufswahl
- ☐ Arbeit im Ausland

Frage Nr. 16

Wann ist die Meinungsfreiheit in Deutschland eingeschränkt?

- ☒ **bei der öffentlichen Verbreitung falscher Behauptungen über einzelne Personen**
- ☐ bei Meinungsäußerungen über die Bundesregierung
- ☐ bei Diskussionen über Religionen
- ☐ bei Kritik am Staat

Frage Nr. 17

Die deutschen Gesetze verbieten ...

☐ Meinungsfreiheit der Einwohner und Einwohnerinnen.
☐ Petitionen der Bürger und Bürgerinnen.
☐ Versammlungsfreiheit der Einwohner und Einwohnerinnen.
☒ **Ungleichbehandlung der Bürger und Bürgerinnen durch
   den Staat.**

Frage Nr. 18

**Welches Grundrecht ist in Artikel 1 des Grundgesetzes
der Bundesrepublik Deutschland garantiert?**

☒ **die Unantastbarkeit der Menschenwürde**
☐ das Recht auf Leben
☐ Religionsfreiheit
☐ Meinungsfreiheit

Frage Nr. 19

**Was versteht man unter dem Recht der „Freizügigkeit" in
Deutschland?**

☒ **Man darf sich seinen Wohnort selbst aussuchen.**
☐ Man kann seinen Beruf wechseln.
☐ Man darf sich für eine andere Religion entscheiden.
☐ Man darf sich in der Öffentlichkeit nur leicht bekleidet
   bewegen.

Frage Nr. 20

**Eine Partei in Deutschland verfolgt das Ziel, eine Dikta-
tur zu errichten. Sie ist dann ...**

☐ tolerant.
☐ rechtsstaatlich orientiert.
☐ gesetzestreu.
☒ **verfassungswidrig.**

Frage Nr. 21

Welches ist das Wappen der Bundesrepublik Deutschland?

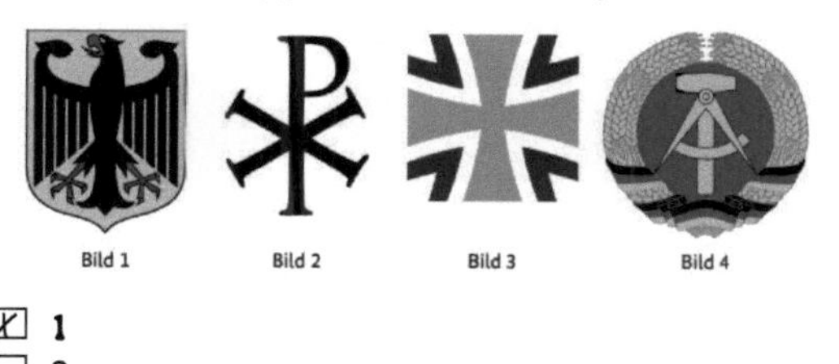

☑ **1**
☐ 2
☐ 3
☐ 4

Frage Nr. 22

Was für eine Staatsform hat Deutschland?

☐ Monarchie
☐ Diktatur
☑ **Republik**
☐ Fürstentum

Frage Nr. 23

In Deutschland sind die meisten Erwerbstätigen ...

☑ **bei einer Firma oder Behörde beschäftigt.**
☐ in kleinen Familienunternehmen beschäftigt.
☐ ehrenamtlich für ein Bundesland tätig.
☐ selbständig mit einer eigenen Firma tätig.

Frage Nr. 24

Wie viele Bundesländer hat die Bundesrepublik Deutschland?

☐ 14
☐ 15
☑ **16**
☐ 17

Frage Nr. 25

Was ist kein Bundesland der Bundesrepublik Deutschland?

- ☐ Nordrhein-Westfalen
- ☒ **Elsass-Lothringen**
- ☐ Mecklenburg-Vorpommern
- ☐ Sachsen-Anhalt

Frage Nr. 26

Deutschland ist ...

- ☐ eine kommunistische Republik.
- ☒ **ein demokratischer und sozialer Bundesstaat.**
- ☐ eine kapitalistische und soziale Monarchie.
- ☐ ein sozialer und sozialistischer Bundesstaat

Frage Nr. 27

Deutschland ist ...

- ☐ ein sozialistischer Staat.
- ☒ **ein Bundesstaat.**
- ☐ eine Diktatur.
- ☐ eine Monarchie.

Frage Nr. 28

Wer wählt in Deutschland die Abgeordneten zum Bundestag?

- ☐ das Militär
- ☐ die Wirtschaft
- ☒ **das wahlberechtigte Volk**
- ☐ die Verwaltung

Frage Nr. 29

Welches Tier ist das Wappentier der Bundesrepublik Deutschland?

☐ Löwe
☒ **Adler**
☐ Bär
☐ Pferd

Frage Nr. 30

Was ist kein Merkmal unserer Demokratie?

☐ regelmäßige Wahlen
☒ **Pressezensur**
☐ Meinungsfreiheit
☐ verschiedene Parteien

Frage Nr. 31

Die Zusammenarbeit von Parteien zur Bildung einer Regierung nennt man in Deutschland ...

☐ Einheit.
☒ **Koalition.**
☐ Ministerium.
☐ Fraktion.

Frage Nr. 32

Was ist keine staatliche Gewalt in Deutschland?

☐ Gesetzgebung
☐ Regierung
☒ **Presse**
☐ Rechtsprechung

Frage Nr. 33

Welche Aussage ist richtig? In Deutschland ...

☒ **sind Staat und Religionsgemeinschaften voneinander
    getrennt.**
☐ bilden die Religionsgemeinschaften den Staat.
☐ ist der Staat abhängig von den Religionsgemeinschaften.
☐ bilden Staat und Religionsgemeinschaften eine Einheit.

Frage Nr. 34

Was ist Deutschland nicht?

☐ eine Demokratie
☐ ein Rechtsstaat
☒ **eine Monarchie**
☐ ein Sozialstaat

Frage Nr. 35

Womit finanziert der deutsche Staat die Sozialversicherung?

☐ Kirchensteuern
☒ **Sozialabgaben**
☐ Spendengeldern
☐ Vereinsbeiträgen

Frage Nr. 36

Welche Maßnahme schafft in Deutschland soziale Sicherheit?

☒ **die Krankenversicherung**
☐ die Autoversicherung
☐ die Gebäudeversicherung
☐ die Haftpflichtversicherung

Frage Nr. 37

**Wie werden die Regierungschefs / Regierungschefinnen der
meisten Bundesländer in Deutschland genannt?**

☐ Erster Minister / Erste Ministerin
☐ Premierminister / Premierministerin
☐ Senator / Senatorin
☒ **Ministerpräsident / Ministerpräsidentin**

Frage Nr. 38

Die Bundesrepublik Deutschland ist ein demokratischer
und sozialer ...

- ☐ Staatenverbund.
- ☒ **Bundesstaat.**
- ☐ Staatenbund.
- ☐ Zentralstaat.

Frage Nr. 39

Was hat jedes deutsche Bundesland?

- ☐ einen eigenen Außenminister / eine eigene Außenministerin
- ☐ eine eigene Währung
- ☐ eine eigene Armee
- ☒ **eine eigene Regierung**

Frage Nr. 40

Mit welchen Worten beginnt die deutsche Nationalhymne?

- ☐ Völker, hört die Signale ...
- ☒ **Einigkeit und Recht und Freiheit ...**
- ☐ Freude schöner Götterfunken ...
- ☐ Deutschland einig Vaterland ...

Frage Nr. 41

Warum gibt es in einer Demokratie mehr als eine Partei?

- ☒ **weil dadurch die unterschiedlichen Meinungen der**
  Bürger und Bürgerinnen vertreten werden
- ☐ damit Bestechung in der Politik begrenzt wird
- ☐ um politische Demonstrationen zu verhindern
- ☐ um wirtschaftlichen Wettbewerb anzuregen

Frage Nr. 42

Wer beschließt in Deutschland ein neues Gesetz?

- ☐ die Regierung
- ☒ **das Parlament**
- ☐ die Gerichte
- ☐ die Polizei

Frage Nr. 43

Wann kann in Deutschland eine Partei verboten werden?

☐ wenn ihr Wahlkampf zu teuer ist
☒ **wenn sie gegen die Verfassung kämpft**
☐ wenn sie Kritik am Staatsoberhaupt äußert
☐ wenn ihr Programm eine neue Richtung vorschlägt

Frage Nr. 44

Wen kann man als Bürger / Bürgerin in Deutschland nicht direkt wählen?

☐ Abgeordnete des EU-Parlaments
☒ **den Bundespräsidenten / die Bundespräsidentin**
☐ Landtagsabgeordnete
☐ Bundestagsabgeordnete

Frage Nr. 45

Zu welcher Versicherung gehört die Pflegeversicherung?

☒ **Sozialversicherung**
☐ Unfallversicherung
☐ Hausratversicherung
☐ Haftpflicht- und Feuerversicherung

Frage Nr. 46

Der deutsche Staat hat viele Aufgaben. Welche Aufgabe gehört dazu?

☒ **Er baut Straßen und Schulen.**
☐ Er verkauft Lebensmittel und Kleidung.
☐ Er versorgt alle Einwohner und Einwohnerinnen
   kostenlos mit Zeitungen.
☐ Er produziert Autos und Busse.

Frage Nr. 47

Der deutsche Staat hat viele Aufgaben. Welche Aufgabe gehört nicht dazu?

☒ **Er bezahlt für alle Staatsangehörigen Urlaubsreisen.**
☐ Er zahlt Kindergeld.
☐ Er unterstützt Museen.
☐ Er fördert Sportler und Sportlerinnen.

Frage Nr. 48

Welches Organ gehört nicht zu den Verfassungsorganen Deutschlands?

- ☐ der Bundesrat
- ☐ der Bundespräsident / die Bundespräsidentin
- ☒ **die Bürgerversammlung**
- ☐ die Regierung

Frage Nr. 49

Wer bestimmt in Deutschland die Schulpolitik?

- ☐ die Lehrer und Lehrerinnen
- ☒ **die Bundesländer**
- ☐ das Familienministerium
- ☐ die Universitäten

Frage Nr. 50

Die Wirtschaftsform in Deutschland nennt man ...

- ☐ freie Zentralwirtschaft.
- ☒ **soziale Marktwirtschaft.**
- ☐ gelenkte Zentralwirtschaft.
- ☐ Planwirtschaft.

Frage Nr. 51

Zu einem demokratischen Rechtsstaat gehört es nicht, dass ...

- ☐ Menschen sich kritisch über die Regierung äußern können.
- ☐ Bürger friedlich demonstrieren gehen dürfen.
- ☒ **Menschen von einer Privatpolizei ohne Grund verhaftet werden.**
- ☐ jemand ein Verbrechen begeht und deshalb verhaftet wird.

Frage Nr. 52

Was bedeutet „Volkssouveränität"? Alle Staatsgewalt geht vom ...

- ☒ **Volke aus.**
- ☐ Bundestag aus.
- ☐ preußischen König aus.
- ☐ Bundesverfassungsgericht aus.

Frage Nr. 53

Was bedeutet „Rechtsstaat" in Deutschland?

☐ Der Staat hat Recht.
☐ Es gibt nur rechte Parteien.
☐ Die Bürger und Bürgerinnen entscheiden über Gesetze.
☒ **Der Staat muss die Gesetze einhalten.**

Frage Nr. 54

Was ist keine staatliche Gewalt in Deutschland?

☐ Legislative
☐ Judikative
☐ Exekutive
☒ **Direktive**

Frage Nr. 55

Was zeigt dieses Bild?

☒ **den Bundestagssitz in Berlin**
☐ das Bundesverfassungsgericht in Karlsruhe
☐ das Bundesratsgebäude in Berlin
☐ das Bundeskanzleramt in Berlin

Frage Nr. 56

**Welches Amt gehört in Deutschland zur Gemeindever-
waltung?**

☐ Pfarramt
☒ **Ordnungsamt**
☐ Finanzamt
☐ Auswärtiges Amt

Frage Nr. 57

**Wer wird meistens zum Präsidenten / zur Präsidentin des
Deutschen Bundestages gewählt?**

☐ der / die älteste Abgeordnete im Parlament
☐ der Ministerpräsident / die Ministerpräsidentin des
   größten Bundeslandes
☒ **ein Abgeordneter / eine Abgeordnete der stärksten Fraktion**
☐ ein ehemaliger Bundeskanzler / eine ehemalige
   Bundeskanzlerin

Frage Nr. 58

Wer ernennt in Deutschland die Minister / die Ministerinnen der Bundesregierung?

☐ der Präsident / die Präsidentin des Bundesverfassungsgerichtes
☒ **der Bundespräsident / die Bundespräsidentin**
☐ der Bundesratspräsident / die Bundesratspräsidentin
☐ der Bundestagspräsident / die Bundestagspräsidentin

Frage Nr. 59

Welche Parteien wurden in Deutschland 2007 zur Partei „Die Linke"?

☐ CDU und SSW
☒ **PDS und WASG**
☐ CSU und FDP
☐ Bündnis 90/Die Grünen und SPD

Frage Nr. 60

In Deutschland gehören der Bundestag und der Bundesrat zur ...

☐ Exekutive.
☒ **Legislative.**
☐ Direktive.
☐ Judikative.

Frage Nr. 61

Was bedeutet „Volkssouveränität"?

☐ Der König / die Königin herrscht über das Volk.
☐ Das Bundesverfassungsgericht steht über der Verfassung.
☐ Die Interessenverbände üben die Souveränität zusammen mit der Regierung aus.
☒ **Die Staatsgewalt geht vom Volke aus.**

Frage Nr. 62

Wenn das Parlament eines deutschen Bundeslandes gewählt wird, nennt man das ...

☐ Kommunalwahl.
☒ **Landtagswahl.**
☐ Europawahl.
☐ Bundestagswahl.

Frage Nr. 63

Was gehört in Deutschland nicht zur Exekutive?

☐ die Polizei
☑ **die Gerichte**
☐ das Finanzamt
☐ die Ministerien

Frage Nr. 64

Die Bundesrepublik Deutschland ist heute gegliedert in ...

☐ vier Besatzungszonen.
☐ einen Oststaat und einen Weststaat.
☐ 16 Kantone.
☑ **Bund, Länder und Kommunen.**

Frage Nr. 65

Es gehört nicht zu den Aufgaben des Deutschen Bundestages, ...

☐ Gesetze zu entwerfen.
☐ die Bundesregierung zu kontrollieren.
☐ den Bundeskanzler / die Bundeskanzlerin zu wählen.
☑ **das Bundeskabinett zu bilden.**

Frage Nr. 66

Wer schrieb den Text zur deutschen Nationalhymne?

☐ Friedrich von Schiller
☐ Clemens Brentano
☐ Johann Wolfgang von Goethe
☑ **Heinrich Hoffmann von Fallersleben**

Frage Nr. 67

Was ist in Deutschland vor allem eine Aufgabe der Bundesländer?

☐ Verteidigungspolitik
☐ Außenpolitik
☐ Wirtschaftspolitik
☑ **Schulpolitik**

Frage Nr. 68

Warum kontrolliert der Staat in Deutschland das Schulwesen?

- ☐ weil es in Deutschland nur staatliche Schulen gibt
- ☐ weil alle Schüler und Schülerinnen einen Schulabschluss
  haben müssen
- ☐ weil es in den Bundesländern verschiedene Schulen gibt
- ☒ **weil es nach dem Grundgesetz seine Aufgabe ist**

Frage Nr. 69

**Die Bundesrepublik Deutschland hat einen dreistufigen
Verwaltungsaufbau. Wie heißt die unterste politische Stufe?**

- ☐ Stadträte
- ☐ Landräte
- ☒ **Gemeinden und Kommunen**
- ☐ Bezirksämter

Frage Nr. 70

**Der deutsche Bundespräsident Gustav Heinemann gibt Helmut Schmidt 1974
die Ernennungsurkunde zum deutschen Bundeskanzler.**

**Was gehört zu den Aufgaben des deutschen Bundespräsidenten / der deut-
schen Bundespräsidentin?**

- ☐ Er / Sie führt die Regierungsgeschäfte.
- ☐ Er / Sie kontrolliert die Regierungspartei.
- ☐ Er / Sie wählt die Minister / Ministerinnen aus.
- ☒ **Er / Sie schlägt den Kanzler / die Kanzlerin zur Wahl vor.**

Frage Nr. 71

**Wo hält sich der deutsche Bundeskanzler / die deutsche
Bundeskanzlerin am häufigsten auf? Am häufigsten ist er / sie ...**

- ☐ in Bonn, weil sich dort das Bundeskanzleramt und der Bundestag befinden.
- ☒ **in Berlin, weil sich dort das Bundeskanzleramt und der
  Bundestag befinden.**
- ☐ auf Schloss Meseberg, dem Gästehaus der Bundesregierung,
  um Staatsgäste zu empfangen.
- ☐ auf Schloss Bellevue, dem Amtssitz des Bundespräsidenten /
  der Bundespräsidentin, um Staatsgäste zu empfangen.

Frage Nr. 72

**Wie heißt der jetzige Bundeskanzler / die jetzige Bundeskanzlerin
von Deutschland?**

- ☐ Gerhard Schröder
- ☐ Jürgen Rüttgers
- ☐ Klaus Wowereit
- ☒ **Olaf Scholz**

Frage Nr. 73

**Die beiden größten Fraktionen im Deutschen Bundestag
heißen zurzeit ...**

- ☒ **CDU/CSU und SPD.**
- ☐ Die Linke und Bündnis 90/Die Grünen.
- ☐ FDP und SPD.
- ☐ Die Linke und FDP.

Frage Nr. 74

Wie heißt das Parlament für ganz Deutschland?

- ☐ Bundesversammlung
- ☐ Volkskammer
- ☒ **Bundestag**
- ☐ Bundesgerichtshof

Frage Nr. 75

Wie heißt Deutschlands heutiges Staatsoberhaupt?

☒ **Frank-Walter Steinmeier**
☐ Norbert Lammert
☐ Wolfgang Thierse
☐ Edmund Stoiber

Frage Nr. 76

Was bedeutet die Abkürzung CDU in Deutschland?

☐ Christliche Deutsche Union
☐ Club Deutscher Unternehmer
☐ Christlicher Deutscher Umweltschutz
☒ **Christlich Demokratische Union**

Frage Nr. 77

Was ist die Bundeswehr?

☐ die deutsche Polizei
☐ ein deutscher Hafen
☐ eine deutsche Bürgerinitiative
☒ **die deutsche Armee**

Frage Nr. 78

Was bedeutet die Abkürzung SPD?

☐ Sozialistische Partei Deutschlands
☐ Sozialpolitische Partei Deutschlands
☒ **Sozialdemokratische Partei Deutschlands**
☐ Sozialgerechte Partei Deutschlands

Frage Nr. 79

Was bedeutet die Abkürzung FDP in Deutschland?

☐ Friedliche Demonstrative Partei
☐ Freie Deutschland Partei
☐ Führende Demokratische Partei
☒ **Freie Demokratische Partei**

Frage Nr. 80

Welches Gericht in Deutschland ist zuständig für die Auslegung des Grundgesetzes?

- ☐ Oberlandesgericht
- ☐ Amtsgericht
- ☒ **Bundesverfassungsgericht**
- ☐ Verwaltungsgericht

Frage Nr. 81

Wer wählt den Bundeskanzler / die Bundeskanzlerin in Deutschland?

- ☐ der Bundesrat
- ☐ die Bundesversammlung
- ☐ das Volk
- ☒ **der Bundestag**

Frage Nr. 82

Wer leitet das deutsche Bundeskabinett?

- ☐ der Bundestagspräsident / die Bundestagspräsidentin
- ☐ der Bundespräsident / die Bundespräsidentin
- ☒ **der Bundeskanzler / die Bundeskanzlerin**
- ☐ der Bundesratspräsident / die Bundesratspräsidentin

Frage Nr. 83

Wer wählt den deutschen Bundeskanzler / die deutsche Bundeskanzlerin?

- ☐ das Volk
- ☐ die Bundesversammlung
- ☒ **der Bundestag**
- ☐ die Bundesregierung

Frage Nr. 84

Welche Hauptaufgabe hat der deutsche Bundespräsident / die deutsche Bundespräsidentin? Er / Sie ...

- ☐ regiert das Land.
- ☐ entwirft die Gesetze.
- ☒ **repräsentiert das Land.**
- ☐ überwacht die Einhaltung der Gesetze.

Frage Nr. 85

Wer bildet den deutschen Bundesrat?

☐ die Abgeordneten des Bundestages
☐ die Minister und Ministerinnen der Bundesregierung
☒ **die Regierungsvertreter der Bundesländer**
☐ die Parteimitglieder

Frage Nr. 86

Wer wählt in Deutschland den Bundespräsidenten / die Bundespräsidentin?

☒ **die Bundesversammlung**
☐ der Bundesrat
☐ das Bundesparlament
☐ das Bundesverfassungsgericht

Frage Nr. 87

Wer ist das Staatsoberhaupt der Bundesrepublik Deutschland?

☐ der Bundeskanzler / die Bundeskanzlerin
☒ **der Bundespräsident / die Bundespräsidentin**
☐ der Bundesratspräsident / die Bundesratspräsidentin
☐ der Bundestagspräsident / die Bundestagspräsidentin

Frage Nr. 88

Die parlamentarische Opposition im Deutschen Bundestag ...

☒ **kontrolliert die Regierung.**
☐ entscheidet, wer Bundesminister / Bundesministerin wird.
☐ bestimmt, wer im Bundesrat sitzt.
☐ schlägt die Regierungschefs / Regierungschefinnen der
  Länder vor.

Frage Nr. 89

Wie nennt man in Deutschland die Vereinigung von Abgeordneten einer Partei im Parlament?

☐ Verband
☐ Ältestenrat
☒ **Fraktion**
☐ Opposition

Frage Nr. 90

**Die deutschen Bundesländer wirken an der Gesetzgebung
des Bundes mit durch ...**

☒ **den Bundesrat.**
☐ die Bundesversammlung.
☐ den Bundestag.
☐ die Bundesregierung.

Frage Nr. 91

**In Deutschland kann ein Regierungswechsel in einem Bundesland
Auswirkungen auf die Bundespolitik haben. Das Regieren wird ...**

☐ schwieriger, wenn sich dadurch die Mehrheit im Bundestag
ändert.
☐ leichter, wenn dadurch neue Parteien in den Bundesrat
kommen.
☒ **schwieriger, wenn dadurch die Mehrheit im Bundesrat
verändert wird.**
☐ leichter, wenn es sich um ein reiches Bundesland handelt.

Frage Nr. 92

Was bedeutet die Abkürzung CSU in Deutschland?

☐ Christlich Sichere Union
☐ Christlich Süddeutsche Union
☐ Christlich Sozialer Unternehmerverband
☒ **Christlich Soziale Union**

Frage Nr. 93

**Je mehr „Zweitstimmen" eine Partei bei einer Bundestagswahl
bekommt, desto ...**

☒ **mehr Sitze erhält die Partei im Parlament.**
☐ weniger Erststimmen kann sie haben.
☐ mehr Direktkandidaten der Partei ziehen ins Parlament ein.
☐ größer ist das Risiko, eine Koalition bilden zu müssen.

Frage Nr. 94

Ab welchem Alter darf man in Deutschland an der Wahl zum Deutschen Bundestag teilnehmen?

- ☐ 16
- ☒ **18**
- ☐ 21
- ☐ 23

Frage Nr. 95

Was gilt für die meisten Kinder in Deutschland?

- ☐ Wahlpflicht
- ☒ **Schulpflicht**
- ☐ Schweigepflicht
- ☐ Religionspflicht

Frage Nr. 96

Was muss jeder deutsche Staatsbürger / jede deutsche Staatsbürgerin ab dem 16. Lebensjahr besitzen?

- ☐ einen Reisepass
- ☒ **einen Personalausweis**
- ☐ einen Sozialversicherungsausweis
- ☐ einen Führerschein

Frage Nr. 97

Was bezahlt man in Deutschland automatisch, wenn man
fest angestellt ist?

- ☒ Sozialversicherung
- ☐ Sozialhilfe
- ☐ Kindergeld
- ☐ Wohngeld

Frage Nr. 98

Wenn Abgeordnete im Deutschen Bundestag ihre Fraktion wechseln, ...

- ☒ kann die Regierung ihre Mehrheit verlieren.
- ☐ dürfen sie nicht mehr an den Sitzungen des Parlaments teilnehmen.
- ☐ muss der Bundespräsident / die Bundespräsidentin zuvor sein / ihr Einverständnis geben.
- ☐ dürfen die Wähler / Wählerinnen dieser Abgeordneten noch einmal wählen.

Frage Nr. 99

Wer bezahlt in Deutschland die Sozialversicherungen?

☒ **Arbeitgeber / Arbeitgeberinnen und Arbeitnehmer / Arbeitnehmerinnen**
☐ nur Arbeitnehmer / Arbeitnehmerinnen
☐ alle Staatsangehörigen
☐ nur Arbeitgeber / Arbeitgeberinnen

Frage Nr. 100

Was gehört nicht zur gesetzlichen Sozialversicherung?

☐ die gesetzliche Rentenversicherung
☒ **die Lebensversicherung**
☐ die Arbeitslosenversicherung
☐ die Pflegeversicherung

Frage Nr. 101

Gewerkschaften sind Interessenverbände der ...

☐ Jugendlichen.
☒ **Arbeitnehmer und Arbeitnehmerinnen.**
☐ Rentner und Rentnerinnen.
☐ Arbeitgeber und Arbeitgeberinnen.

Frage Nr. 102

Womit kann man in der Bundesrepublik Deutschland geehrt werden, wenn man auf politischem, wirtschaftlichem, kulturellem, geistigem oder sozialem Gebiet eine besondere Leistung erbracht hat? Mit dem ...

☐ Bundesadler
☒ **Bundesverdienstkreuz**
☐ Vaterländischen Verdienstorden
☐ Ehrentitel „Held der Deutschen Demokratischen Republik"

Frage Nr. 103

**Was wird in Deutschland als „Ampelkoalition"
bezeichnet? Die Zusammenarbeit ...**

- ☐ der Bundestagsfraktionen von CDU und CSU
- ☒ **von SPD, FDP und Bündnis 90/Die Grünen in
  einer Regierung**
- ☐ von CSU, Die LINKE und Bündnis 90/Die Grünen
  in einer Regierung
- ☐ der Bundestagsfraktionen von CDU und SPD

Frage Nr. 104

**Eine Frau in Deutschland verliert ihre Arbeit. Was darf
nicht der Grund für diese Entlassung sein?**

- ☐ Die Frau ist lange krank und arbeitsunfähig.
- ☐ Die Frau kam oft zu spät zur Arbeit.
- ☐ Die Frau erledigt private Sachen während der Arbeitszeit.
- ☒ **Die Frau bekommt ein Kind und ihr Chef weiß das.**

Frage Nr. 105

**Was ist eine Aufgabe von Wahlhelfern / Wahlhelferinnen
in Deutschland?**

- ☐ Sie helfen alten Menschen bei der Stimmabgabe in der
  Wahlkabine.
- ☐ Sie schreiben die Wahlbenachrichtigungen vor der Wahl.
- ☐ Sie geben Zwischenergebnisse an die Medien weiter.
- ☒ **Sie zählen die Stimmen nach dem Ende der Wahl.**

Frage Nr. 106

**In Deutschland helfen ehrenamtliche Wahlhelfer und
Wahlhelferinnen bei den Wahlen. Was ist eine Aufgabe
von Wahlhelfern / Wahlhelferinnen?**

- ☐ Sie helfen Kindern und alten Menschen beim Wählen.
- ☐ Sie schreiben Karten und Briefe mit der Angabe des
  Wahllokals.
- ☐ Sie geben Zwischenergebnisse an Journalisten weiter.
- ☒ **Sie zählen die Stimmen nach dem Ende der Wahl.**

Frage Nr. 107

Für wie viele Jahre wird der Bundestag in Deutschland gewählt?

- ☐ 2 Jahre
- ☒ **4 Jahre**
- ☐ 6 Jahre
- ☐ 8 Jahre

Frage Nr. 108

Bei einer Bundestagswahl in Deutschland darf jeder wählen, der ...

- ☐ in der Bundesrepublik Deutschland wohnt und wählen möchte.
- ☒ **Bürger / Bürgerin der Bundesrepublik Deutschland ist und mindestens 18 Jahre alt ist.**
- ☐ seit mindestens 3 Jahren in der Bundesrepublik Deutschland lebt.
- ☐ Bürger / Bürgerin der Bundesrepublik Deutschland ist und mindestens 21 Jahre alt ist.

Frage Nr. 109

Wie oft gibt es normalerweise Bundestagswahlen in Deutschland?

- ☐ alle drei Jahre
- ☒ **alle vier Jahre**
- ☐ alle fünf Jahre
- ☐ alle sechs Jahre

Frage Nr. 110

Für wie viele Jahre wird der Bundestag in Deutschland gewählt?

- ☐ 2 Jahre
- ☐ 3 Jahre
- ☒ **4 Jahre**
- ☐ 5 Jahre

Frage Nr. 111

In Deutschland darf man wählen. Was bedeutet das?

☒ **Alle deutschen Staatsangehörigen dürfen wählen, wenn sie
das Mindestalter erreicht haben.**
☐ Nur verheiratete Personen dürfen wählen.
☐ Nur Personen mit einem festen Arbeitsplatz dürfen wählen.
☐ Alle Einwohner und Einwohnerinnen in Deutschland
müssen wählen.

Frage Nr. 112

Die Wahlen in Deutschland sind ...

☐ speziell.
☒ **geheim.**
☐ berufsbezogen.
☐ geschlechtsabhängig.

Frage Nr. 113

Wahlen in Deutschland gewinnt die Partei, die ...

☒ **die meisten Stimmen bekommt.**
☐ die meisten Männer mehrheitlich gewählt haben.
☐ die meisten Stimmen bei den Arbeitern / Arbeiterin-
nen bekommen hat.
☐ die meisten Erststimmen für ihren Kanzlerkandidaten
/ ihre Kanzlerkandidatin erhalten hat.

Frage Nr. 114

An demokratischen Wahlen in Deutschland teilzunehmen ist ...

☐ eine Pflicht.
☒ **ein Recht.**
☐ ein Zwang.
☐ eine Last.

Frage Nr. 115

Was bedeutet „aktives Wahlrecht" in Deutschland?

☐ Man kann gewählt werden.
☐ Man muss wählen gehen.
☒ **Man kann wählen.**
☐ Man muss zur Auszählung der Stimmen gehen.

Frage Nr. 116

Wenn Sie bei einer Bundestagswahl in Deutschland wählen dürfen, heißt das ...

☐ aktive Wahlkampagne.
☐ aktives Wahlverfahren.
☐ aktiver Wahlkampf.
☒ **aktives Wahlrecht.**

Frage Nr. 117

Wie viel Prozent der Zweitstimmen müssen Parteien mindestens bekommen, um in den Deutschen Bundestag gewählt zu werden?

☐ 3 %
☐ 4 %
☒ **5 %**
☐ 6 %

Frage Nr. 118

Was regelt das Wahlrecht in Deutschland?

☐ Wer wählen darf, muss wählen.
☐ Alle die wollen, können wählen.
☐ Wer nicht wählt, verliert das Recht zu wählen.
☒ **Wer wählen darf, kann wählen.**

Frage Nr. 119

Wahlen in Deutschland sind frei. Was bedeutet das?

☐ Alle verurteilten Straftäter / Straftäterinnen dürfen nicht wählen.
☐ Wenn ich wählen gehen möchte, muss mein Arbeitgeber / meine Arbeitgeberin mir frei geben.
☒ **Jede Person kann ohne Zwang entscheiden, ob sie wählen möchte und wen sie wählen möchte.**
☐ Ich kann frei entscheiden, wo ich wählen gehen möchte.

Frage Nr. 120

Das Wahlsystem in Deutschland ist ein ...

- ☐ Zensuswahlrecht.
- ☐ Dreiklassenwahlrecht.
- ☒ **Mehrheits- und Verhältniswahlrecht.**
- ☐ allgemeines Männerwahlrecht.

Frage Nr. 121

Eine Partei möchte in den Deutschen Bundestag. Sie muss aber einen Mindestanteil an Wählerstimmen haben. Das heißt ...

- ☒ **5 %-Hürde.**
- ☐ Zulassungsgrenze.
- ☐ Basiswert.
- ☐ Richtlinie.

Frage Nr. 122

Welchem Grundsatz unterliegen Wahlen in Deutschland? Wahlen in Deutschland sind ...

- ☒ **frei, gleich, geheim.**
- ☐ offen, sicher, frei.
- ☐ geschlossen, gleich, sicher.
- ☐ sicher, offen, freiwillig.

Frage Nr. 123

Was ist in Deutschland die „5 %-Hürde"?

- ☐ Abstimmungsregelung im Bundestag für kleine Parteien
- ☐ Anwesenheitskontrolle im Bundestag für Abstimmungen
- ☒ **Mindestanteil an Wählerstimmen, um ins Parlament zu kommen**
- ☐ Anwesenheitskontrolle im Bundesrat für Abstimmungen

Frage Nr. 124

Die Bundestagswahl in Deutschland ist die Wahl ...

- ☐ des Bundeskanzlers / der Bundeskanzlerin.
- ☐ der Parlamente der Länder.
- ☒ **des Parlaments für Deutschland.**
- ☐ des Bundespräsidenten / der Bundespräsidentin.

Frage Nr. 125

In einer Demokratie ist eine Funktion von regelmäßigen Wahlen, ...

- ☐ die Bürger und Bürgerinnen zu zwingen, ihre Stimme abzugeben.
- ☒ **nach dem Willen der Wählermehrheit den Wechsel der Regierung zu ermöglichen.**
- ☐ im Land bestehende Gesetze beizubehalten.
- ☐ den Armen mehr Macht zu geben.

Frage Nr. 126

Was bekommen wahlberechtigte Bürger und Bürgerinnen in Deutschland vor einer Wahl?

- ☒ **eine Wahlbenachrichtigung von der Gemeinde**
- ☐ eine Wahlerlaubnis vom Bundespräsidenten / von der Bundespräsidentin
- ☐ eine Benachrichtigung von der Bundesversammlung
- ☐ eine Benachrichtigung vom Pfarramt

Frage Nr. 127

Warum gibt es die 5 %-Hürde im Wahlgesetz der Bundesrepublik Deutschland? Es gibt sie, weil ...

- ☐ die Programme von vielen kleinen Parteien viele Gemeinsamkeiten haben.
- ☐ die Bürger und Bürgerinnen bei vielen kleinen Parteien die Orientierung verlieren können.
- ☒ **viele kleine Parteien die Regierungsbildung erschweren.**
- ☐ die kleinen Parteien nicht so viel Geld haben, um die Politiker und Politikerinnen zu bezahlen.

Frage Nr. 128

Parlamentsmitglieder, die von den Bürgern und Bürgerinnen gewählt werden, nennt man ...

- ☒ **Abgeordnete.**
- ☐ Kanzler / Kanzlerinnen.
- ☐ Botschafter / Botschafterinnen.
- ☐ Ministerpräsidenten / Ministerpräsidentinnen.

Frage Nr. 129

Vom Volk gewählt wird in Deutschland ...

- ☐ der Bundeskanzler / die Bundeskanzlerin.
- ☐ der Ministerpräsident / die Ministerpräsidentin eines Bundeslandes.
- ☒ **der Bundestag.**
- ☐ der Bundespräsident / die Bundespräsidentin.

Frage Nr. 130

Welcher Stimmzettel wäre bei einer Bundestagswahl gültig?

- ☒ 1
- ☐ 2
- ☐ 3
- ☐ 4

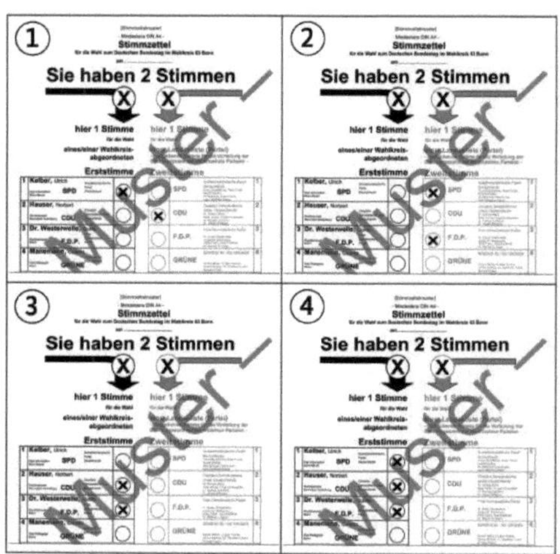

Frage Nr. 131

In Deutschland ist ein Bürgermeister / eine Bürgermeisterin ...

- ☐ der Leiter / die Leiterin einer Schule.
- ☐ der Chef / die Chefin einer Bank.
- ☒ **das Oberhaupt einer Gemeinde.**
- ☐ der / die Vorsitzende einer Partei.

Frage Nr. 132

Viele Menschen in Deutschland arbeiten in ihrer Freizeit ehrenamtlich. Was bedeutet das?

- ☐ Sie arbeiten als Soldaten / Soldatinnen.
- ☒ **Sie arbeiten freiwillig und unbezahlt in Vereinen und Verbänden.**
- ☐ Sie arbeiten in der Bundesregierung.
- ☐ Sie arbeiten in einem Krankenhaus und verdienen dabei Geld.

Frage Nr. 133

Was ist bei Bundestags- und Landtagswahlen in Deutschland erlaubt?

- ☐ Der Ehemann wählt für seine Frau mit.
- ☒ **Man kann durch Briefwahl seine Stimme abgeben.**
- ☐ Man kann am Wahltag telefonisch seine Stimme ab-
- ☐ geben.
  Kinder ab dem Alter von 14 Jahren dürfen wählen.

Frage Nr. 134

Man will die Buslinie abschaffen, mit der Sie immer zur Arbeit fahren. Was können Sie machen, um die Buslinie zu erhalten?

- ☒ **Ich beteilige mich an einer Bürgerinitiative für die Erhaltung der Buslinie oder gründe selber eine Initiative.**
- ☐ Ich werde Mitglied in einem Sportverein und trainiere Radfahren.
- ☐ Ich wende mich an das Finanzamt, weil ich als Steuerzahler / Steuerzahlerin ein Recht auf die Buslinie habe.
- ☐ Ich schreibe einen Brief an das Forstamt der Gemeinde.

Frage Nr. 135

Wen vertreten die Gewerkschaften in Deutschland?

- ☐ große Unternehmen
- ☐ kleine Unternehmen
- ☐ Selbständige
- ☒ **Arbeitnehmer und Arbeitnehmerinnen**

Frage Nr. 136

Sie gehen in Deutschland zum Arbeitsgericht bei ...

- ☐ falscher Nebenkostenabrechnung.
- ☒ **ungerechtfertigter Kündigung durch Ihren Chef / Ihre Chefin.**
- ☐ Problemen mit den Nachbarn / Nachbarinnen.
- ☐ Schwierigkeiten nach einem Verkehrsunfall.

Frage Nr. 137

Welches Gericht ist in Deutschland bei Konflikten in der Arbeitswelt zuständig?

- ☐ das Familiengericht
- ☐ das Strafgericht
- ☒ **das Arbeitsgericht**
- ☐ das Amtsgericht

Frage Nr. 138

Was kann ich in Deutschland machen, wenn mir mein Arbeitgeber / meine Arbeitgeberin zu Unrecht gekündigt hat?

- ☐ weiter arbeiten und freundlich zum Chef / zur Chefin sein
- ☐ ein Mahnverfahren gegen den Arbeitgeber / die Arbeitgeberin führen
- ☒ **Kündigungsschutzklage erheben**
- ☐ den Arbeitgeber / die Arbeitgeberin bei der Polizei anzeigen

Frage Nr. 139

Wann kommt es in Deutschland zu einem Prozess vor Gericht? Wenn jemand ...

- ☐ zu einer anderen Religion übertritt.
- ☒ **eine Straftat begangen hat und angeklagt wird.**
- ☐ eine andere Meinung als die der Regierung vertritt.
- ☐ sein Auto falsch geparkt hat und es abgeschleppt wird.

Frage Nr. 140

Was macht ein Schöffe / eine Schöffin in Deutschland? Er / Sie ...

- ☒ **entscheidet mit Richtern / Richterinnen über Schuld und Strafe.**
- ☐ gibt Bürgern / Bürgerinnen rechtlichen Rat.
- ☐ stellt Urkunden aus.
- ☐ verteidigt den Angeklagten / die Angeklagte.

Frage Nr. 141

Wer berät in Deutschland Personen bei Rechtsfragen und vertritt sie vor Gericht?

- ☒ **ein Rechtsanwalt / eine Rechtsanwältin**
- ☐ ein Richter / eine Richterin
- ☐ ein Schöffe / eine Schöffin
- ☐ ein Staatsanwalt / eine Staatsanwältin

Frage Nr. 142

Was ist die Hauptaufgabe eines Richters / einer Richterin in Deutschland? Ein Richter / eine Richterin ...

- ☐ vertritt Bürger und Bürgerinnen vor einem Gericht.
- ☒ **arbeitet an einem Gericht und spricht Urteile.**
- ☐ ändert Gesetze.
- ☐ betreut Jugendliche vor Gericht.

Frage Nr. 143

Ein Richter / eine Richterin in Deutschland gehört zur ...

- ☒ **Judikative.**
- ☐ Exekutive.
- ☐ Operative.
- ☐ Legislative.

Frage Nr. 144

Ein Richter / eine Richterin gehört in Deutschland zur ...

- ☐ vollziehenden Gewalt.
- ☒ **rechtsprechenden Gewalt.**
- ☐ planenden Gewalt.
- ☐ gesetzgebenden Gewalt.

Frage Nr. 145

In Deutschland wird die Staatsgewalt geteilt. Für welche Staatsgewalt arbeitet ein Richter / eine Richterin? Für die ...

- ☒ **Judikative.**
- ☐ Exekutive.
- ☐ Presse.
- ☐ Legislative.

Frage Nr. 146

Wie nennt man in Deutschland ein Verfahren vor einem
Gericht?

- ☐ Programm
- ☐ Prozedur
- ☐ Protokoll
- ☒ **Prozess**

Frage Nr. 147

Was ist die Arbeit eines Richters / einer Richterin in Deutschland?

- ☐ Deutschland regieren
- ☒ **Recht sprechen**
- ☐ Pläne erstellen
- ☐ Gesetze erlassen

Frage Nr. 148

Was ist eine Aufgabe der Polizei in Deutschland?

- ☐ das Land zu verteidigen
- ☐ die Bürgerinnen und Bürger abzuhören
- ☐ die Gesetze zu beschließen
- ☒ **die Einhaltung von Gesetzen zu überwachen**

Frage Nr. 149

Wer kann Gerichtsschöffe / Gerichtsschöffin in Deutschland werden?

- ☐ alle in Deutschland geborenen Einwohner / Einwohnerinnen über 18 Jahre
- ☒ **alle deutschen Staatsangehörigen älter als 24 und jünger als 70 Jahre**
- ☐ alle Personen, die seit mindestens 5 Jahren in Deutschland leben
- ☐ nur Personen mit einem abgeschlossenen Jurastudium

Frage Nr. 150

Ein Gerichtsschöffe / eine Gerichtsschöffin in Deutschland ist ...

- ☐ der Stellvertreter / die Stellvertreterin des Stadtoberhaupts.
- ☒ **ein ehrenamtlicher Richter / eine ehrenamtliche Richterin.**
- ☐ ein Mitglied eines Gemeinderats.
- ☐ eine Person, die Jura studiert hat.

Frage Nr. 151

Wer baute die Mauer in Berlin?

- ☐ Großbritannien
- ☐ die Bundesrepublik Deutschland
- ☒ **die DDR**
- ☐ die USA

Frage Nr. 152

Wann waren die Nationalsozialisten mit Adolf Hitler in Deutschland an der Macht?

- ☐ 1918 bis 1923
- ☐ 1932 bis 1950
- ☒ **1933 bis 1945**
- ☐ 1945 bis 1989

Frage Nr. 153

Was war am 8. Mai 1945?

- ☐ Tod Adolf Hitlers
- ☐ Beginn des Berliner Mauerbaus
- ☐ Wahl von Konrad Adenauer zum Bundeskanzler
- ☒ **Ende des Zweiten Weltkriegs in Europa**

Frage Nr. 154

Wann war der Zweite Weltkrieg zu Ende?

- ☐ 1933
- ☒ **1945**
- ☐ 1949
- ☐ 1961

Frage Nr. 155

Wann waren die Nationalsozialisten in Deutschland an der Macht?

- ☐ 1888 bis 1918
- ☐ 1921 bis 1934
- ☒ **1933 bis 1945**
- ☐ 1949 bis 1963

Frage Nr. 156

In welchem Jahr wurde Hitler Reichskanzler?

- ☐ 1923
- ☐ 1927
- ☒ **1933**
- ☐ 1936

Frage Nr. 157

Die Nationalsozialisten mit Adolf Hitler errichteten 1933 in Deutschland ...

- ☒ **eine Diktatur.**
- ☐ einen demokratischen Staat.
- ☐ eine Monarchie.
- ☐ ein Fürstentum.

Frage Nr. 158

Das „Dritte Reich" war eine ...

- ☒ **Diktatur.**
- ☐ Demokratie.
- ☐ Monarchie.
- ☐ Räterepublik.

Frage Nr. 159

Was gab es in Deutschland nicht während der Zeit des Nationalsozialismus?

- ☒ **freie Wahlen**
- ☐ Pressezensur
- ☐ willkürliche Verhaftungen
- ☐ Verfolgung der Juden

Frage Nr. 160

Welcher Krieg dauerte von 1939 bis 1945?

- ☐ der Erste Weltkrieg
- ☒ **der Zweite Weltkrieg**
- ☐ der Vietnamkrieg
- ☐ der Golfkrieg

Frage Nr. 161

Was kennzeichnete den NS-Staat? Eine Politik ...

- ☒ **des staatlichen Rassismus**
- ☐ der Meinungsfreiheit
- ☐ der allgemeinen Religionsfreiheit
- ☐ der Entwicklung der Demokratie

Frage Nr. 162

Claus Schenk Graf von Stauffenberg wurde bekannt durch ...

- ☐ eine Goldmedaille bei den Olympischen Spielen 1936.
- ☐ den Bau des Reichstagsgebäudes.
- ☐ den Aufbau der Wehrmacht.
- ☒ **das Attentat auf Hitler am 20. Juli 1944.**

Frage Nr. 163

**In welchem Jahr zerstörten die Nationalsozialisten
Synagogen und jüdische Geschäfte in Deutschland?**

- ☐ 1925
- ☐ 1930
- ☒ **1938**
- ☐ 1945

Frage Nr. 164

Was passierte am 9. November 1938 in Deutschland?

- ☐ Mit dem Angriff auf Polen beginnt der Zweite Weltkrieg.
- ☐ Die Nationalsozialisten verlieren eine Wahl und lösen
  den Reichstag auf.
- ☒ **Jüdische Geschäfte und Synagogen werden durch
  Nationalsozialisten und ihre Anhänger zerstört.**
- ☐ Hitler wird Reichspräsident und lässt alle Parteien
  verbieten.

Frage Nr. 165

Wie hieß der erste Bundeskanzler der Bundesrepublik Deutschland?

- ☒ **Konrad Adenauer**
- ☐ Kurt Georg Kiesinger
- ☐ Helmut Schmidt
- ☐ Willy Brandt

Frage Nr. 166

Bei welchen Demonstrationen in Deutschland riefen die Menschen „Wir sind das Volk"?

- ☒ **bei den Montagsdemonstrationen 1989 in der DDR**
- ☐ beim Arbeiteraufstand 1953 in der DDR
- ☐ bei den Demonstrationen 1968 in der Bundesrepublik Deutschland
- ☐ bei den Anti-Atomkraft-Demonstrationen 1985 in der Bundesrepublik Deutschland

Frage Nr. 167

Welche Länder wurden nach dem Zweiten Weltkrieg in Deutschland als „Alliierte Besatzungsmächte" bezeichnet?

- ☐ Sowjetunion, Großbritannien, Polen, Schweden
- ☐ Frankreich, Sowjetunion, Italien, Japan
- ☐ USA, Sowjetunion, Spanien, Portugal
- ☒ **USA, Sowjetunion, Großbritannien, Frankreich**

Frage Nr. 168

Welches Land war keine „Alliierte Besatzungsmacht" in Deutschland?

- ☐ USA
- ☐ Sowjetunion
- ☐ Frankreich
- ☒ **Japan**

Frage Nr. 169

Wann wurde die Bundesrepublik Deutschland gegründet?

- ☐ 1939
- ☐ 1945
- ☒ **1949**
- ☐ 1951

Frage Nr. 170

Was gab es während der Zeit des Nationalsozialismus in Deutschland?

- ☐ das Recht zur freien Entfaltung der Persönlichkeit
- ☐ Pressefreiheit
- ☒ **das Verbot von Parteien**
- ☐ den Schutz der Menschenwürde

Frage Nr. 171

Soziale Marktwirtschaft bedeutet, die Wirtschaft ...

- ☐ steuert sich allein nach Angebot und Nachfrage.
- ☐ wird vom Staat geplant und gesteuert, Angebot und Nachfrage werden nicht berücksichtigt.
- ☐ richtet sich nach der Nachfrage im Ausland.
- ☒ **richtet sich nach Angebot und Nachfrage, aber der Staat sorgt für einen sozialen Ausgleich.**

Frage Nr. 172

In welcher Besatzungszone wurde die DDR gegründet? In der ...

- ☐ amerikanischen Besatzungszone.
- ☐ französischen Besatzungszone.
- ☐ britischen Besatzungszone.
- ☒ sowjetischen Besatzungszone.

Frage Nr. 173

Die Bundesrepublik Deutschland ist ein Gründungsmitglied ...

- ☐ des Nordatlantikpakts (NATO).
- ☐ der Vereinten Nationen (VN).
- ☒ **der Europäischen Union (EU).**
- ☐ des Warschauer Pakts.

Frage Nr. 174

Wann wurde die DDR gegründet?

- ☐ 1947
- ☒ **1949**
- ☐ 1953
- ☐ 1956

Frage Nr. 175

Wie viele Besatzungszonen gab es in Deutschland nach dem Zweiten Weltkrieg?

- ☐ 3
- ☒ **4**
- ☐ 5
- ☐ 6

Frage Nr. 176

Wie waren die Besatzungszonen Deutschlands nach 1945 verteilt?

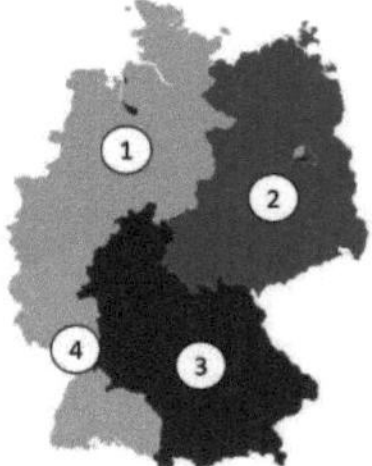

- ☐ 1=Großbritannien, 2=Sowjetunion, 3=Frankreich, 4=USA
- ☐ 1=Sowjetunion, 2=Großbritannien, 3=USA, 4=Frankreich
- ☒ **1=Großbritannien, 2=Sowjetunion, 3=USA, 4=Frankreich**
- ☐ 1=Großbritannien, 2=USA, 3=Sowjetunion, 4=Frankreich

Frage Nr. 177

Welche deutsche Stadt wurde nach dem Zweiten Weltkrieg in vier Sektoren aufgeteilt?

- ☐ München
- ☒ **Berlin**
- ☐ Dresden
- ☐ Frankfurt/Oder

Frage Nr. 178

**Vom Juni 1948 bis zum Mai 1949 wurden die Bürger und
Bürgerinnen von West-Berlin durch eine Luftbrücke versorgt.
Welcher Umstand war dafür verantwortlich?**

- ☐ Für Frankreich war eine Versorgung der West-Berliner
  Bevölkerung mit dem Flugzeug kostengünstiger.
- ☐ Die amerikanischen Soldaten / Soldatinnen hatten beim
  Landtransport Angst vor Überfällen.
- ☐ Für Großbritannien war die Versorgung über die
  Luftbrücke schneller.
- ☒ **Die Sowjetunion unterbrach den gesamten Verkehr auf
  dem Landwege.**

Frage Nr. 179

Wie endete der Zweite Weltkrieg in Europa offiziell?

- ☐ mit dem Tod Adolf Hitlers
- ☒ **durch die bedingungslose Kapitulation Deutschlands**
- ☐ mit dem Rückzug der Deutschen aus den besetzten
- ☐ Gebieten
  durch eine Revolution in Deutschland

Frage Nr. 180

Der erste Bundeskanzler der Bundesrepublik Deutschland war ...

- ☐ Ludwig Erhard.
- ☐ Willy Brandt.
- ☒ **Konrad Adenauer.**
- ☐ Gerhard Schröder.

Frage Nr. 181

**Was wollte Willy Brandt mit seinem
Kniefall 1970 im ehemaligen jüdischen
Ghetto in Warschau ausdrücken?**

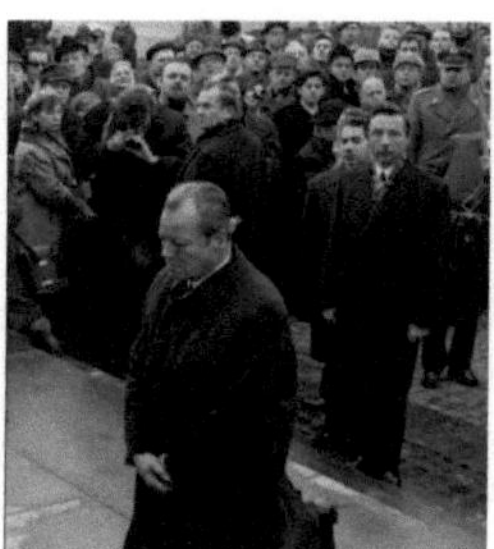

- ☐ Er hat sich den ehemaligen Alliierten unterworfen.
- ☒ **Er bat Polen und die polnischen Juden um Vergebung.**
- ☐ Er zeigte seine Demut vor dem Warschauer Pakt.
- ☐ Er sprach ein Gebet am Grab des Unbekannten Soldaten.

Frage Nr. 182

Welche Parteien wurden 1946 zwangsweise zur SED
vereint, der Einheitspartei der späteren DDR?

- ☒ **KPD und SPD**
- ☐ SPD und CDU
- ☐ CDU und FDP
- ☐ KPD und CSU

Frage Nr. 183

Wann war in der Bundesrepublik Deutschland
das „Wirtschaftswunder"?

- ☐ 40er Jahre
- ☒ **50er Jahre**
- ☐ 70er Jahre
- ☐ 80er Jahre

Frage Nr. 184

Was nannten die Menschen in Deutschland sehr lange „Die Stunde Null"?

- ☐ Damit wird die Zeit nach der Wende im Jahr 1989
  bezeichnet.
- ☐ Damit wurde der Beginn des Zweiten Weltkrieges
  bezeichnet.
- ☒ **Darunter verstand man das Ende des Zweiten**
  Weltkrieges und den Beginn des Wiederaufbaus.
- ☐ Damit ist die Stunde gemeint, in der die Uhr von der
  Sommerzeit auf die Winterzeit umgestellt wird.

Frage Nr. 185

Wofür stand der Ausdruck „Eiserner Vorhang"?
Für die Abschottung ...

- ☒ **des Warschauer Pakts gegen den Westen.**
- ☐ Norddeutschlands gegen Süddeutschland.
- ☐ Nazi-Deutschlands gegen die Alliierten.
- ☐ Europas gegen die USA.

Frage Nr. 186

**Im Jahr 1953 gab es in der DDR einen Aufstand, an den
lange Zeit in der Bundesrepublik Deutschland ein
Feiertag erinnerte. Wann war das?**

- ☐ 1. Mai
- ☒ **17. Juni**
- ☐ 20. Juli
- ☐ 9. November

Frage Nr. 187

**Welcher deutsche Staat hatte eine schwarz-rot-goldene
Flagge mit Hammer, Zirkel und Ährenkranz?**

- ☐ Preußen
- ☐ Bundesrepublik Deutschland
- ☒ **DDR**
- ☐ „Drittes Reich"

Frage Nr. 188

In welchem Jahr wurde die Mauer in Berlin gebaut?

- ☐ 1953
- ☐ 1956
- ☐ 1959
- ☒ **1961**

Frage Nr. 189

Wann baute die DDR die Mauer in Berlin?

- ☐ 1919
- ☐ 1933
- ☒ **1961**
- ☐ 1990

Frage Nr. 190

Was bedeutet die Abkürzung DDR?

- ☐ Dritter Deutscher Rundfunk
- ☐ Die Deutsche Republik
- ☐ Dritte Deutsche Republik
- ☒ **Deutsche Demokratische Republik**

Frage Nr. 191

Wann wurde die Mauer in Berlin für alle geöffnet?

- ☐ 1987
- ☒ **1989**
- ☐ 1992
- ☐ 1995

Frage Nr. 192

Welches heutige deutsche Bundesland gehörte früher zum Gebiet der DDR?

- ☒ **Brandenburg**
- ☐ Bayern
- ☐ Saarland
- ☐ Hessen

Frage Nr. 193

Von 1961 bis 1989 war Berlin ...

- ☐ ohne Bürgermeister.
- ☐ ein eigener Staat.
- ☒ **durch eine Mauer geteilt.**
- ☐ nur mit dem Flugzeug erreichbar.

Frage Nr. 194

Am 3. Oktober feiert man in Deutschland den Tag der Deutschen ...

- ☒ **Einheit.**
- ☐ Nation.
- ☐ Bundesländer.
- ☐ Städte.

Frage Nr. 195

Welches heutige deutsche Bundesland gehörte früher zum Gebiet der DDR?

☐ Hessen
☒ **Sachsen-Anhalt**
☐ Nordrhein-Westfalen
☐ Saarland

Frage Nr. 196

Warum nennt man die Zeit im Herbst 1989 in der DDR „Die Wende"? In dieser Zeit veränderte sich die DDR politisch ...

☒ **von einer Diktatur zur Demokratie.**
☐ von einer liberalen Marktwirtschaft zum Sozialismus.
☐ von einer Monarchie zur Sozialdemokratie.
☐ von einem religiösen Staat zu einem kommunistischen Staat.

Frage Nr. 197

Welches heutige deutsche Bundesland gehörte früher zum Gebiet der DDR?

☒ **Thüringen**
☐ Hessen
☐ Bayern
☐ Bremen

Frage Nr. 198

Welches heutige deutsche Bundesland gehörte früher zum Gebiet der DDR?

☐ Bayern
☐ Niedersachsen
☒ **Sachsen**
☐ Baden-Württemberg

Frage Nr. 199

Mit der Abkürzung „Stasi" meinte man in der DDR ...

☐ das Parlament.
☒ **das Ministerium für Staatssicherheit.**
☐ eine regierende Partei.
☐ das Ministerium für Volksbildung.

Frage Nr. 200

Welches heutige deutsche Bundesland gehörte früher zum Gebiet der DDR?

- ☐ Hessen
- ☐ Schleswig-Holstein
- ☒ Mecklenburg-Vorpommern
- ☐ Saarland

Frage Nr. 201

Welche der folgenden Auflistungen enthält nur Bundesländer, die zum Gebiet der früheren DDR gehörten?

- ☐ Niedersachsen, Nordrhein-Westfalen, Hessen, Schleswig-Holstein, Brandenburg
- ☒ **Mecklenburg-Vorpommern, Brandenburg, Sachsen, Sachsen-Anhalt, Thüringen**
- ☐ Bayern, Baden-Württemberg, Rheinland-Pfalz, Thüringen, Sachsen
- ☐ Sachsen, Thüringen, Hessen, Niedersachsen, Brandenburg

Frage Nr. 202

Zu wem gehörte die DDR im „Kalten Krieg"?

- ☐ zu den Westmächten
- ☒ **zum Warschauer Pakt**
- ☐ zur NATO
- ☐ zu den blockfreien Staaten

Frage Nr. 203

Wie hieß das Wirtschaftssystem der DDR?

- ☐ Marktwirtschaft
- ☒ **Planwirtschaft**
- ☐ Angebot und Nachfrage
- ☐ Kapitalismus

Frage Nr. 204

**Wie wurden die Bundesrepublik Deutschland und die
DDR zu einem Staat?**

- ☐ Die Bundesrepublik Deutschland hat die DDR besetzt.
- ☒ **Die heutigen fünf östlichen Bundesländer sind der
  Bundesrepublik Deutschland beigetreten.**
- ☐ Die westlichen Bundesländer sind der DDR beigetreten.
- ☐ Die DDR hat die Bundesrepublik Deutschland besetzt.

Frage Nr. 205

**Mit dem Beitritt der DDR zur Bundesrepublik Deutsch-
land gehören die neuen Bundesländer nun auch ...**

- ☒ **zur Europäischen Union.**
- ☐ zum Warschauer Pakt.
- ☐ zur OPEC.
- ☐ zur Europäischen Verteidigungsgemeinschaft.

Frage Nr. 206

**Was bedeutete im Jahr 1989 in Deutschland das Wort
„Montagsdemonstration"?**

- ☐ In der Bundesrepublik waren Demonstrationen nur am
  Montag erlaubt.
- ☒ **Montags waren Demonstrationen gegen das DDR-Regime.**
- ☐ Am ersten Montag im Monat trafen sich in der
  Bundesrepublik Deutschland Demonstranten.
- ☐ Montags demonstrierte man in der DDR gegen den Westen

Frage Nr. 207

In welchem Militärbündnis war die DDR Mitglied?

- ☐ in der NATO
- ☐ im Rheinbund
- ☒ **im Warschauer Pakt**
- ☐ im Europabündnis

Frage Nr. 208

Was war die „Stasi"?

☐ der Geheimdienst im „Dritten Reich"
☐ eine berühmte deutsche Gedenkstätte
☒ **der Geheimdienst der DDR**
☐ ein deutscher Sportverein während des Zweiten Weltkrieges

Frage Nr. 209

Welches war das Wappen der Deutschen Demokratischen Republik?

☐ 1
☐ 2
☐ 3
☒ **4**

Bild 1   Bild 2   Bild 3   Bild 4

Frage Nr. 210

Was ereignete sich am 17. Juni 1953 in der DDR?

☐ der feierliche Beitritt zum Warschauer Pakt
☒ **landesweite Streiks und ein Volksaufstand**
☐ der 1. SED-Parteitag
☐ der erste Besuch Fidel Castros

Frage Nr. 211

Welcher Politiker steht für die „Ostverträge"?

☐ Helmut Kohl
☒ **Willy Brandt**
☐ Michail Gorbatschow
☐ Ludwig Erhard

Frage Nr. 212

Wie heißt Deutschland mit vollem Namen?

☐ Bundesstaat Deutschland
☐ Bundesländer Deutschland
☒ **Bundesrepublik Deutschland**
☐ Bundesbezirk Deutschland

Frage Nr. 213

Wie viele Einwohner hat Deutschland?

- ☐ 70 Millionen
- ☐ 78 Millionen
- ☒ **84 Millionen**
- ☐ 90 Millionen

Frage Nr. 214

Welche Farben hat die deutsche Flagge?

- ☒ **schwarz-rot-gold**
- ☐ rot-weiß-schwarz
- ☐ schwarz-rot-grün
- ☐ schwarz-gelb-rot

Frage Nr. 215

Wer wird als „Kanzler der Deutschen Einheit" bezeichnet?

- ☐ Gerhard Schröder
- ☒ **Helmut Kohl**
- ☐ Konrad Adenauer
- ☐ Helmut Schmidt

Frage Nr. 216

Welches Symbol ist im Plenarsaal des Deutschen Bundestages zu sehen?

- ☐ die Fahne der Stadt Berlin.
- ☒ **der Bundesadler.**
- ☐ der Reichsadler.
- ☐ die Reichskrone.

Frage Nr. 217

In welchem Zeitraum gab es die Deutsche Demokratische Republik (DDR)?

- ☐ 1919 bis 1927
- ☐ 1933 bis 1945
- ☒ **1949 bis 1990**
- ☐ 1945 bis 1961

Frage Nr. 218

Wie viele Bundesländer kamen bei der Wiedervereinigung 1990 zur Bundesrepublik Deutschland hinzu?

- ☐ 4
- ☒ 5
- ☐ 6
- ☐ 7

Frage Nr. 219

Die Bundesrepublik Deutschland hat die Grenzen von heute seit ...

- ☐ 1933.
- ☐ 1949.
- ☐ 1971.
- ☒ 1990.

Frage Nr. 220

Der 27. Januar ist in Deutschland ein offizieller Gedenktag. Woran erinnert dieser Tag?

- ☐ an das Ende des Zweiten Weltkrieges
- ☐ an die Verabschiedung des Grundgesetzes
- ☐ an die Wiedervereinigung Deutschlands
- ☒ **an die Opfer des Nationalsozialismus**

Frage Nr. 221

Deutschland ist Mitglied des Schengener Abkommens. Was bedeutet das?

- ☒ **Deutsche können in viele Länder Europas ohne Passkontrolle reisen.**
- ☐ Alle Menschen können ohne Personenkontrolle in Deutschland einreisen.
- ☐ Deutsche können ohne Passkontrolle in jedes Land reisen.
- ☐ Deutsche können in jedem Land mit dem Euro bezahlen.

Frage Nr. 222

Welches Land ist ein Nachbarland von Deutschland?

- ☐ Ungarn
- ☐ Portugal
- ☐ Spanien
- ☒ **Schweiz**

Frage Nr. 223

Welches Land ist ein Nachbarland von Deutschland?

- ☐ Rumänien
- ☐ Bulgarien
- ☒ **Polen**
- ☐ Griechenland

Frage Nr. 224

Was bedeutet die Abkürzung EU?

- ☐ Europäische Unternehmen
- ☒ **Europäische Union**
- ☐ Einheitliche Union
- ☐ Euro Union

Frage Nr. 225

In welchem anderen Land gibt es eine große deutschsprachige Bevölkerung?

- ☐ Tschechien
- ☐ Norwegen
- ☐ Spanien
- ☒ **Österreich**

Frage Nr. 226

Welche ist die Flagge der Europäischen Union?

Bild 1   Bild 2   Bild 3   Bild 4

- ☒ **2**
- ☐ 1
- ☐ 4
- ☐ 3

Frage Nr. 227

Welches Land ist ein Nachbarland von Deutschland?

- ☐ Finnland
- ☒ **Dänemark**
- ☐ Norwegen
- ☐ Schweden

Frage Nr. 228

**Wie wird der Beitritt der DDR zur Bundesrepublik
Deutschland im Jahr 1990 allgemein genannt?**

- ☐ NATO-Osterweiterung
- ☐ EU-Osterweiterung
- ☐ Europäische Gemeinschaft
- ☒ **Deutsche Wiedervereinigung**

Frage Nr. 229

Welches Land ist ein Nachbarland von Deutschland?

- ☐ Spanien
- ☐ Bulgarien
- ☐ Norwegen
- ☒ **Luxemburg**

Frage Nr. 230

Das Europäische Parlament wird regelmäßig gewählt, nämlich alle ...

- ☒ **5 Jahre.**
- ☐ 6 Jahre.
- ☐ 7 Jahre.
- ☐ 8 Jahre.

Frage Nr. 231

Was bedeutet der Begriff „Europäische Integration"?

- ☐ Damit sind amerikanische Einwanderer in Europa gemeint.
- ☐ Der Begriff meint den Einwanderungsstopp nach Europa.
- ☐ Damit sind europäische Auswanderer in den USA gemeint.
- ☒ **Der Begriff meint den Zusammenschluss europäischer
  Staaten zur EU.**

Frage Nr. 232

Wer wird bei der Europawahl gewählt?

- ☐ die Europäische Kommission
- ☐ die Länder, die in die EU eintreten dürfen
- ☐ die europäische Verfassung
- ☒ **die Abgeordneten des Europäischen Parlaments**

Frage Nr. 233

Welches Land ist ein Nachbarland von Deutschland?

- ☒ **Tschechien**
- ☐ Bulgarien
- ☐ Griechenland
- ☐ Portugal

Frage Nr. 234

Wo ist der Sitz des Europäischen Parlaments?

- ☐ London
- ☐ Paris
- ☐ Berlin
- ☒ **Straßburg**

Frage Nr. 235

Der französische Staatspräsident François Mitterrand und der deutsche Bundeskanzler Helmut Kohl gedenken in Verdun gemeinsam der Toten beider Weltkriege.
Welches Ziel der Europäischen Union wird bei diesem Treffen deutlich?

- ☐ Freundschaft zwischen England und Deutschland
- ☐ Reisefreiheit in alle Länder der EU
- ☒ **Frieden und Sicherheit in den Ländern der EU**
- ☐ einheitliche Feiertage in den Ländern der EU

Frage Nr. 236

Wie viele Mitgliedstaaten hat die EU heute?

- ☐ 21
- ☐ 23
- ☐ 25
- ☒ **27**

Frage Nr. 237

2007 wurde das 50-jährige Jubiläum der „Römischen Verträge" gefeiert.
Was war der Inhalt der Verträge?

- ☐ Beitritt Deutschlands zur NATO
- ☒ **Gründung der Europäischen Wirtschaftsgemeinschaft (EWG)**
- ☐ Verpflichtung Deutschlands zu Reparationsleistungen
- ☐ Festlegung der Oder-Neiße-Linie als Ostgrenze

Frage Nr. 238

An welchen Orten arbeitet das Europäische Parlament?

- ☐ Paris, London und Den Haag
- ☒ **Straßburg, Luxemburg und Brüssel**
- ☐ Rom, Bern und Wien
- ☐ Bonn, Zürich und Mailand

Frage Nr. 239

Durch welche Verträge schloss sich die Bundesrepublik Deutschland mit anderen Staaten zur Europäischen Wirtschaftsgemeinschaft zusammen?

- ☐ durch die „Hamburger Verträge"
- ☒ **durch die „Römischen Verträge"**
- ☐ durch die „Pariser Verträge"
- ☐ durch die „Londoner Verträge"

Frage Nr. 240

Seit wann bezahlt man in Deutschland mit dem Euro in bar?

- ☐ 1995
- ☐ 1998
- ☒ **2002**
- ☐ 2005

Frage Nr. 241

Frau Seger bekommt ein Kind.
Was muss sie tun, um Elterngeld zu erhalten?

- ☐ Sie muss an ihre Krankenkasse schreiben.
- ☐ Sie muss nichts tun, denn sie bekommt automatisch Elterngeld.
- ☒ **Sie muss einen Antrag bei der Elterngeldstelle stellen.**
- ☐ Sie muss das Arbeitsamt um Erlaubnis bitten.

Frage Nr. 242

Wer entscheidet, ob ein Kind in Deutschland in den Kindergarten geht?

- ☐ der Staat
- ☐ die Bundesländer
- ☒ **die Eltern / die Erziehungsberechtigten**
- ☐ die Schulen

Frage Nr. 243

Maik und Sybille wollen mit Freunden an ihrem deutschen Wohnort eine Demonstration auf der Straße abhalten. Was müssen sie vorher tun?

- ☐ Sie müssen nichts tun. Man darf in Deutschland jederzeit überall demonstrieren.
- ☒ **Sie müssen die Demonstration anmelden.**
- ☐ Sie können gar nichts tun, denn Demonstrationen sind in Deutschland grundsätzlich verboten.
- ☐ Maik und Sybille müssen einen neuen Verein gründen, weil nur Vereine demonstrieren dürfen.

Frage Nr. 244

Welchen Schulabschluss braucht man normalerweise, um an einer Universität in Deutschland ein Studium zu beginnen?

- ☒ **das Abitur**
- ☐ ein Diplom
- ☐ die Prokura
- ☐ eine Gesellenprüfung

Frage Nr. 245

Wer darf in Deutschland nicht als Paar zusammenleben?

- ☐ Hans (20 Jahre) und Marie (19 Jahre)
- ☐ Tom (20 Jahre) und Klaus (45 Jahre)
- ☐ Sofie (35 Jahre) und Lisa (40 Jahre)
- ☒ **Anne (13 Jahre) und Tim (25 Jahre)**

Frage Nr. 246

Ab welchem Alter ist man in Deutschland volljährig?

- ☐ 16
- ☒ **18**
- ☐ 19
- ☐ 21

Frage Nr. 247

Eine Frau ist schwanger. Sie ist kurz vor und nach der Geburt ihres Kindes vom Gesetz besonders beschützt. Wie heißt dieser Schutz?

- ☐ Elternzeit
- ☐ Geburtsvorbereitung
- ☒ **Mutterschutz**
- ☐ Wochenbett

Frage Nr. 248

Die Erziehung der Kinder ist in Deutschland vor allem Aufgabe ...

- ☐ des Staates.
- ☒ **der Eltern.**
- ☐ der Großeltern.
- ☐ der Schulen.

Frage Nr. 249

Wer ist in Deutschland hauptsächlich verantwortlich für die Kindererziehung?

- ☐ der Staat
- ☒ **die Eltern**
- ☐ die Verwandten
- ☐ die Schulen

Frage Nr. 250

In Deutschland hat man die besten Chancen auf einen gut bezahlten Arbeitsplatz, wenn man ...

- ☐ katholisch ist.
- ☒ **gut ausgebildet ist.**
- ☐ eine Frau ist.
- ☐ Mitglied einer Partei ist.

Frage Nr. 251

Wenn man in Deutschland ein Kind schlägt, ...

- ☐ geht das niemanden etwas an.
- ☐ geht das nur die Familie etwas an.
- ☐ kann man dafür nicht bestraft werden.
- ☒ **kann man dafür bestraft werden.**

Frage Nr. 252

In Deutschland ...

- ☒ **darf man zur gleichen Zeit nur mit einem Partner / einer Partnerin verheiratet sein.**
- ☐ kann man mehrere Ehepartner / Ehepartnerinnen gleichzeitig haben.
- ☐ darf man nicht wieder heiraten, wenn man einmal verheiratet war.
- ☐ darf eine Frau nicht wieder heiraten, wenn ihr Mann gestorben ist.

Frage Nr. 253

Wo müssen Sie sich anmelden, wenn Sie in Deutschland umziehen?

- ☒ **beim Einwohnermeldeamt**
- ☐ beim Standesamt
- ☐ beim Ordnungsamt
- ☐ beim Gewerbeamt

Frage Nr. 254

In Deutschland dürfen Ehepaare sich scheiden lassen.
Meistens müssen sie dazu das „Trennungsjahr" einhalten.
Was bedeutet das?

- ☐ Der Scheidungsprozess dauert ein Jahr.
- ☐ Mann und Frau sind ein Jahr verheiratet, dann ist die Scheidung möglich.
- ☐ Das Besuchsrecht für die Kinder gilt ein Jahr.
- ☒ **Mann und Frau führen mindestens ein Jahr getrennt ihr eigenes Leben. Danach ist die Scheidung möglich.**

Frage Nr. 255

Bei Erziehungsproblemen können Eltern in Deutschland
Hilfe erhalten vom ...

- ☐ Ordnungsamt.
- ☐ Schulamt.
- ☒ **Jugendamt.**
- ☐ Gesundheitsamt.

Frage Nr. 256

Ein Ehepaar möchte in Deutschland ein Restaurant eröffnen.
Was braucht es dazu unbedingt?

- ☐ eine Erlaubnis der Polizei
- ☐ eine Genehmigung einer Partei
- ☐ eine Genehmigung des Einwohnermeldeamts
- ☒ **eine Gaststättenerlaubnis von der zuständigen Behörde**

Frage Nr. 257

Eine erwachsene Frau möchte in Deutschland das Abitur nachholen.
Das kann sie an ...

- ☐ einer Hochschule.
- ☒ **einem Abendgymnasium.**
- ☐ einer Hauptschule.
- ☐ einer Privatuniversität.

Frage Nr. 258

Was darf das Jugendamt in Deutschland?

- ☐ Es entscheidet, welche Schule das Kind besucht.
- ☒ **Es kann ein Kind, das geschlagen wird oder hungern muss, aus der Familie nehmen.**
- ☐ Es bezahlt das Kindergeld an die Eltern.
- ☐ Es kontrolliert, ob das Kind einen Kindergarten besucht.

Frage Nr. 259

Das Berufsinformationszentrum BIZ bei der Bundesagentur für Arbeit in Deutschland hilft bei der ...

- ☐ Rentenberechnung.
- ☒ **Lehrstellensuche.**
- ☐ Steuererklärung.
- ☐ Krankenversicherung.

Frage Nr. 260

In Deutschland hat ein Kind in der Schule ...

- ☐ Recht auf unbegrenzte Freizeit.
- ☐ Wahlfreiheit für alle Fächer.
- ☐ Anspruch auf Schulgeld.
- ☒ **Anwesenheitspflicht.**

Frage Nr. 261

Ein Mann möchte mit 30 Jahren in Deutschland sein Abitur nachholen. Wo kann er das tun? An ...

- ☐ einer Hochschule
- ☒ **einem Abendgymnasium**
- ☐ einer Hauptschule
- ☐ einer Privatuniversität

Frage Nr. 262

Was bedeutet in Deutschland der Grundsatz der Gleichbehandlung?

- ☒ **Niemand darf z.B. wegen einer Behinderung benachteiligt werden.**
- ☐ Man darf andere Personen benachteiligen, wenn ausreichende persönliche Gründe hierfür vorliegen.
- ☐ Niemand darf gegen Personen klagen, wenn sie benachteiligt wurden.
- ☐ Es ist für alle Gesetz, benachteiligten Gruppen jährlich Geld zu spenden.

Frage Nr. 263

In Deutschland sind Jugendliche ab 14 Jahren strafmündig. Das bedeutet: Jugendliche, die 14 Jahre und älter sind und gegen Strafgesetze verstoßen, ...

- ☒ **werden bestraft.**
- ☐ werden wie Erwachsene behandelt.
- ☐ teilen die Strafe mit ihren Eltern.
- ☐ werden nicht bestraft.

Frage Nr. 264

Zu welchem Fest tragen Menschen in Deutschland bunte Kostüme und Masken?

- ☒ **am Rosenmontag**
- ☐ am Maifeiertag
- ☐ beim Oktoberfest
- ☐ an Pfingsten

Frage Nr. 265

Wohin muss man in Deutschland zuerst gehen, wenn man heiraten möchte?

- ☐ zum Einwohnermeldeamt
- ☐ zum Ordnungsamt
- ☐ zur Agentur für Arbeit
- ☒ **zum Standesamt**

Frage Nr. 266

Wann beginnt die gesetzliche Nachtruhe in Deutschland?

- ☐ wenn die Sonne untergeht
- ☒ **um 22 Uhr**
- ☐ wenn die Nachbarn schlafen gehen
- ☐ um 0 Uhr, Mitternacht

Frage Nr. 267

Eine junge Frau in Deutschland, 22 Jahre alt, lebt mit ihrem Freund zusammen. Die Eltern der Frau finden das nicht gut, weil ihnen der Freund nicht gefällt.
Was können die Eltern tun?

- ☒ **Sie müssen die Entscheidung der volljährigen Tochter respektieren.**
- ☐ Sie haben das Recht, die Tochter in die elterliche Wohnung zurückzuholen.
- ☐ Sie können zur Polizei gehen und die Tochter anzeigen.
- ☐ Sie suchen einen anderen Mann für die Tochter.

Frage Nr. 268

Eine junge Frau will den Führerschein machen. Sie hat Angst vor der Prüfung, weil ihre Muttersprache nicht Deutsch ist.
Was ist richtig?

- ☐ Sie muss mindestens zehn Jahre in Deutschland leben, bevor sie den Führerschein machen kann.
- ☒ **Sie kann die Theorie-Prüfung vielleicht in ihrer Muttersprache machen. Es gibt mehr als zehn Sprachen zur Auswahl.**
- ☐ Wenn sie kein Deutsch kann, darf sie keinen Führerschein haben.
- ☐ Sie muss den Führerschein in dem Land machen, in dem man ihre Sprache spricht.

Frage Nr. 269

In Deutschland haben Kinder ab dem Alter von drei Jahren bis zur Ersteinschulung einen Anspruch auf ...

- ☐ monatliches Taschengeld.
- ☒ **einen Kindergartenplatz.**
- ☐ einen Platz in einem Sportverein.
- ☐ einen Ferienpass.

Frage Nr. 270

Die Volkshochschule in Deutschland ist eine Einrichtung ...

- ☐ für den Religionsunterricht.
- ☑ **zur Weiterbildung.**
- ☐ nur für Jugendliche.
- ☐ nur für Rentner und Rentnerinnen.

Frage Nr. 271

Was ist in Deutschland ein Brauch zu Weihnachten?

- ☐ bunte Eier verstecken
- ☑ **einen Tannenbaum schmücken**
- ☐ sich mit Masken und Kostümen verkleiden
- ☐ Kürbisse vor die Tür stellen

Frage Nr. 272

Welche Lebensform ist in Deutschland nicht erlaubt?

- ☐ Mann und Frau sind geschieden und leben mit neuen Partnern zusammen.
- ☐ Zwei Frauen leben zusammen.
- ☐ Ein alleinerziehender Vater lebt mit seinen zwei Kindern zusammen.
- ☑ **Ein Mann ist mit zwei Frauen zur selben Zeit verheiratet.**

Frage Nr. 273

Bei Erziehungsproblemen gehen Sie in Deutschland ...

- ☐ zum Arzt / zur Ärztin.
- ☐ zum Gesundheitsamt.
- ☐ zum Einwohnermeldeamt.
- ☑ **zum Jugendamt.**

Frage Nr. 274

Sie haben in Deutschland absichtlich einen Brief geöffnet, der an eine andere Person adressiert ist. Was haben Sie nicht beachtet?

- ☐ das Schweigerecht
- ☑ **das Briefgeheimnis**
- ☐ die Schweigepflicht
- ☐ die Meinungsfreiheit

Frage Nr. 275

Was braucht man in Deutschland für eine Ehescheidung?

- ☐ die Einwilligung der Eltern
- ☐ ein Attest eines Arztes / einer Ärztin
- ☐ die Einwilligung der Kinder
- ☒ **die Unterstützung eines Anwalts / einer Anwältin**

Frage Nr. 276

Was sollten Sie tun, wenn Sie von Ihrem Ansprechpartner / Ihrer Ansprechpartnerin in einer deutschen Behörde schlecht behandelt werden?

- ☐ Ich kann nichts tun.
- ☐ Ich muss mir diese Behandlung gefallen lassen.
- ☐ Ich drohe der Person.
- ☒ **Ich kann mich beim Behördenleiter / bei der Behördenleiterin beschweren.**

Frage Nr. 277

Eine Frau, die ein zweijähriges Kind hat, bewirbt sich in Deutschland um eine Stelle. Was ist ein Beispiel für Diskriminierung? Sie bekommt die Stelle nur deshalb nicht, weil sie ...

- ☐ kein Englisch spricht.
- ☐ zu hohe Gehaltsvorstellungen hat.
- ☐ keine Erfahrungen in diesem Beruf hat.
- ☒ **Mutter ist.**

Frage Nr. 278

Ein Mann im Rollstuhl hat sich auf eine Stelle als Buchhalter beworben. Was ist ein Beispiel für Diskriminierung? Er bekommt die Stelle nur deshalb nicht, weil er ...

- ☒ **im Rollstuhl sitzt.**
- ☐ keine Erfahrung hat.
- ☐ zu hohe Gehaltsvorstellungen hat.
- ☐ kein Englisch spricht.

Frage Nr. 279

In den meisten Mietshäusern in Deutschland gibt es eine „Hausordnung".
Was steht in einer solchen „Hausordnung"? Sie nennt ...

- ☐ Regeln für die Benutzung öffentlicher Verkehrsmittel.
- ☐ alle Mieter und Mieterinnen im Haus.
- ☒ **Regeln, an die sich alle Bewohner und Bewohnerinnen halten müssen.**
- ☐ die Adresse des nächsten Ordnungsamtes.

Frage Nr. 280

Wenn Sie sich in Deutschland gegen einen falschen
Steuerbescheid wehren wollen, müssen Sie ...

- ☐ nichts machen.
- ☐ den Bescheid wegwerfen.
- ☒ **Einspruch einlegen.**
- ☐ warten, bis ein anderer Bescheid kommt.

Frage Nr. 281

Zwei Freunde wollen in ein öffentliches Schwimmbad in
Deutschland. Beide haben eine dunkle Hautfarbe und werden
deshalb nicht hineingelassen.
Welches Recht wird in dieser Situation verletzt? Das Recht auf ...

- ☐ Meinungsfreiheit
- ☒ **Gleichbehandlung**
- ☐ Versammlungsfreiheit
- ☐ Freizügigkeit

Frage Nr. 282

Welches Ehrenamt müssen deutsche Staatsbürger /
Staatsbürgerinnen übernehmen, wenn sie dazu aufgefordert werden?

- ☐ Vereinstrainer / Vereinstrainerin
- ☐ Bibliotheksaufsicht
- ☒ **Wahlhelfer / Wahlhelferin**
- ☐ Lehrer / Lehrerin

Frage Nr. 283

Was tun Sie, wenn Sie eine falsche Rechnung von einer
deutschen Behörde bekommen?

- ☐ Ich lasse die Rechnung liegen.
- ☒ **Ich lege Widerspruch bei der Behörde ein.**
- ☐ Ich schicke die Rechnung an die Behörde zurück.
- ☐ Ich gehe mit der Rechnung zum Finanzamt.

Frage Nr. 284

Was man für die Arbeit können muss, ändert sich in der
Zukunft sehr schnell. Was kann man tun?

- ☐ Es ist egal, was man lernt.
- ☐ Kinder lernen in der Schule alles, was im Beruf wichtig ist.
  Nach der Schule muss man nicht weiter lernen.
- ☒ **Erwachsene müssen auch nach der Ausbildung immer
  weiter lernen.**
- ☐ Alle müssen früher aufhören zu arbeiten, weil sich alles
  ändert.

Frage Nr. 285

Frau Frost arbeitet als fest angestellte Mitarbeiterin in einem Büro.
Was muss sie nicht von ihrem Gehalt bezahlen?

- ☒ **Umsatzsteuer**
- ☐ Lohnsteuer
- ☐ Beiträge zur Arbeitslosenversicherung
- ☐ Beiträge zur Renten- und Krankenversicherung

Frage Nr. 286

Welche Organisation in einer Firma hilft den Arbeitnehmern und
Arbeitnehmerinnen bei Problemen mit dem Arbeitgeber /
der Arbeitgeberin?

- ☒ **der Betriebsrat**
- ☐ der Betriebsprüfer / die Betriebsprüferin
- ☐ die Betriebsgruppe
- ☐ das Betriebsmanagement

Frage Nr. 287

Sie möchten bei einer Firma in Deutschland Ihr Arbeitsverhältnis beenden.
Was müssen Sie beachten?

- ☐ die Gehaltszahlungen
- ☐ die Arbeitszeit
- ☒ **die Kündigungsfrist**
- ☐ die Versicherungspflicht

Frage Nr. 288

Bei welchem Amt muss man in Deutschland in der Regel
seinen Hund anmelden?

- ☐ beim Finanzamt
- ☐ beim Einwohnermeldeamt
- ☒ **bei der Kommune (Stadt oder Gemeinde)**
- ☐ beim Gesundheitsamt

Frage Nr. 289

Ein Mann mit dunkler Hautfarbe bewirbt sich um eine Stelle als Kellner in
einem Restaurant in Deutschland. Was ist ein Beispiel für Diskriminierung?
Er bekommt die Stelle nur deshalb nicht, weil ...

- ☐ seine Deutschkenntnisse zu gering sind.
- ☐ er zu hohe Gehaltsvorstellungen hat.
- ☒ **er eine dunkle Haut hat.**
- ☐ er keine Erfahrungen im Beruf hat.

Frage Nr. 290

Sie haben in Deutschland einen Fernseher gekauft. Zu Hause packen Sie
den Fernseher aus, doch er funktioniert nicht. Der Fernseher ist kaputt.
Was können Sie machen?

- ☐ eine Anzeige schreiben
- ☒ **den Fernseher reklamieren**
- ☐ das Gerät ungefragt austauschen
- ☐ die Garantie verlängern

Frage Nr. 291

Warum muss man in Deutschland bei der Steuererklärung aufschreiben, ob man zu einer Kirche gehört oder nicht? Weil ...

- [ ] das für die Statistik in Deutschland wichtig ist.
- [x] es eine Kirchensteuer gibt, die an die Einkommen- und Lohnsteuer geknüpft ist.
- [ ] man mehr Steuern zahlen muss, wenn man nicht zu einer Kirche gehört.
- [ ] die Kirche für die Steuererklärung verantwortlich ist.

Frage Nr. 292

Die Menschen in Deutschland leben nach dem Grundsatz der religiösen Toleranz. Was bedeutet das?

- [ ] Es dürfen keine Moscheen gebaut werden.
- [ ] Alle Menschen glauben an Gott.
- [x] Jeder kann glauben, was er möchte.
- [ ] Der Staat entscheidet, an welchen Gott die Menschen glauben.

Frage Nr. 293

Was ist in Deutschland ein Brauch an Ostern?

- [ ] Kürbisse vor die Tür stellen
- [ ] einen Tannenbaum schmücken
- [x] Eier bemalen
- [ ] Raketen in die Luft schießen

Frage Nr. 294

Pfingsten ist ein ...

- [x] christlicher Feiertag.
- [ ] deutscher Gedenktag.
- [ ] internationaler Trauertag.
- [ ] bayerischer Brauch.

Frage Nr. 295

**Welche Religion hat die europäische und deutsche Kultur
geprägt?**

- ☐ der Hinduismus
- ☒ **das Christentum**
- ☐ der Buddhismus
- ☐ der Islam

Frage Nr. 296

**In Deutschland nennt man die letzten vier Wochen vor
Weihnachten ...**

- ☐ den Buß- und Bettag.
- ☐ das Erntedankfest.
- ☒ **die Adventszeit.**
- ☐ Allerheiligen.

Frage Nr. 297

**Aus welchem Land sind die meisten Migranten / Migrantinnen
nach Deutschland gekommen?**

- ☐ Italien
- ☐ Polen
- ☐ Marokko
- ☒ **Türkei**

Frage Nr. 298

In der DDR lebten vor allem Migranten aus ...

- ☒ **Vietnam, Polen, Mosambik.**
- ☐ Frankreich, Rumänien, Somalia.
- ☐ Chile, Ungarn, Simbabwe.
- ☐ Nordkorea, Mexiko, Ägypten.

Frage Nr. 299

Ausländische Arbeitnehmer und Arbeitnehmerinnen, die in den 50er und 60er Jahren von der Bundesrepublik Deutschland angeworben wurden, nannte man ...

☐ Schwarzarbeiter / Schwarzarbeiterinnen
☒ **Gastarbeiter / Gastarbeiterinnen**
☐ Zeitarbeiter / Zeitarbeiterinnen
☐ Schichtarbeiter / Schichtarbeiterinnen

Frage Nr. 300

Aus welchem Land kamen die ersten Gastarbeiter / Gastarbeiterinnen in die Bundesrepublik Deutschland?

☒ **Italien**
☐ Spanien
☐ Portugal
☐ Türkei

Die 10 ! neuen Fragen seit 2024

-mit kurzen Erläuterungen-

Frage Nr. 301

**Vor wie vielen Jahren gab es erstmals eine jüdische Gemeinde
auf dem Gebiet des heutigen Deutschlands?**

☐ vor etwa 300 Jahren
☐ vor etwa 700 Jahren
☐ vor etwa 1150 Jahren
☒ **vor etwa 1700 Jahren**

Über die Anfänge jüdischen Lebens auf deutschem Gebiet lässt sich nur spekulieren.

Erstmals erwähnt werden sie in einem römischen Erlass aus dem Jahr 321 an den
Statthalter in „Colonia", dem heutigen Köln.

Damit leben Jüdinnen und Juden im Jahr 2021 seit mindestens 1.700 Jahren auf dem
Gebiet des heutigen Deutschlands

Frage Nr. 302

**Wer darf bei den rund 40 jüdischen Makkabi-Sportvereinen
Mitglied werden?**

☐ nur Deutsche
☐ nur Israelis
☐ nur religiöse Menschen
☒ **alle Menschen**

Bei den rund 40 jüdischen Makkabi-Sportvereinen in Deutschland darf grundsätzlich jeder
Mitglied werden, unabhängig von Religion oder Herkunft.

Makkabi Deutschland, Teil der internationalen Makkabi-Bewegung, steht für Sport,
Fairness und Toleranz und fördert den interkulturellen und interreligiösen Dialog.

Die Vereine sind offen für alle, die sich den Werten der Bewegung verbunden fühlen und
Teil einer Gemeinschaft sein möchten, die Sport als Mittel zur Verständigung und zum
Brückenbau zwischen verschiedenen Kulturen und Religionen sieht.

Frage Nr. 303

Welche Städte haben die größten jüdischen Gemeinden in Deutschland?

- ☒ **Berlin und München**
- ☐ Hamburg und Essen
- ☐ Nürnberg und Stuttgart
- ☐ Worms und Speyer

Die größten jüdischen Gemeinden in Deutschland befinden sich in den größeren Städten, wo über die Jahre hinweg bedeutende jüdische Zentren entstanden sind.

Zu den Städten mit den größten jüdischen Gemeinden zählen:

Berlin:
Als Hauptstadt Deutschlands beherbergt Berlin die größte jüdische Gemeinde des Landes. Die Stadt hat eine reiche jüdische Geschichte und Kultur, die bis in das Mittelalter zurückreicht. Heute ist die jüdische Gemeinde in Berlin sehr aktiv und vielfältig, mit zahlreichen Synagogen, Schulen, kulturellen Einrichtungen und einem jüdischen Museum.

München:
Auch München verfügt über eine große und aktive jüdische Gemeinde. Die Stadt hat in den letzten Jahrzehnten einen Anstieg jüdischer Einwohner erlebt und beherbergt mehrere Synagogen, jüdische Schulen und ein jüdisches Zentrum, das als sozialer und kultureller Treffpunkt dient.

Frage Nr. 304

Wie heißt das jüdische Gebetshaus?

- ☐ Basilika
- ☐ Moschee
- ☒ **Synagoge**
- ☐ Kirche

Das jüdische Gebetshaus wird als Synagoge bezeichnet.
Eine Synagoge dient als zentraler Ort für Gottesdienste, Gebete, religiöse Studien sowie als Treffpunkt der jüdischen Gemeinde.
Im Inneren einer Synagoge befindet sich der Toraschrein (Aron Hakodesch), der die Torarollen enthält, das zentrale Heiligtum des Judentums.
Vor dem Schrein steht das Pult (Bima oder Almemor), von dem aus die Torah gelesen wird.
Synagogen können in Größe, Stil und Architektur variieren, aber sie alle dienen dem Zweck der Anbetung, des Lernens und der Gemeinschaft.
Die Bezeichnung „Synagoge" stammt aus dem Griechischen und bedeutet „Versammlung" oder „Ort der Versammlung", was ihre Funktion als Gemeindezentrum unterstreicht.

Frage Nr. 305

Auf welcher rechtlichen Grundlage wurde der Staat Israel gegründet?

- ☒ **eine Resolution der Vereinten Nationen**
- ☐ ein Beschluss des Zionistenkongresses
- ☐ ein Vorschlag der Bundesregierung
- ☐ ein Vorschlag der UdSSR

Die Gründung des Staates Israel im Jahr 1948 fußt auf der Resolution 181 der Vereinten Nationen, auch bekannt als der UN-Teilungsplan für Palästina.

Diese Resolution, die im November 1947 von der UN-Generalversammlung verabschiedet wurde, empfahl die Aufteilung des britischen Mandatsgebiets Palästina in einen unabhängigen jüdischen und einen arabischen Staat, mit einem international verwalteten Sonderstatus für Jerusalem.

Trotz der Ablehnung durch die arabischen Staaten und die arabische Bevölkerung in Palästina, erklärte David Ben-Gurion am 14. Mai 1948, am Vorabend des Endes des britischen Mandats, die Unabhängigkeit Israels, gestützt auf die Empfehlungen der UN-Resolution.

Dies markierte die rechtliche und politische Geburtsstunde des Staates Israel.

Frage Nr. 306

Woraus begründet sich Deutschlands besondere Verantwortung für Israel?

- ☐ aus der Mitgliedschaft in der Europäischen Union (EU)
- ☒ **aus den nationalsozialistischen Verbrechen**
- ☐ aus dem Grundgesetz der Bundesrepublik Deutschland
- ☐ aus der christlichen Tradition

Deutschlands besondere Verantwortung für Israel begründet sich vor allem aus den Verbrechen des Nationalsozialismus während des Zweiten Weltkriegs.

Unter der Herrschaft Adolf Hitlers und der Nationalsozialisten wurden sechs Millionen Juden ermordet – ein Genozid, bekannt als die Shoah oder der Holocaust. Dieses dunkle Kapitel der Geschichte stellt eine tiefe Zäsur in den Beziehungen zwischen Juden und Deutschen dar und hat das Bewusstsein und die politischen Entscheidungen Deutschlands nach dem Krieg nachhaltig geprägt.

In der Nachkriegszeit hat Deutschland diese historische Schuld anerkannt und sich zu einer besonderen Verantwortung gegenüber dem jüdischen Volk und dem 1948 gegründeten Staat Israel bekannt.
Dies äußert sich in vielfältiger Weise, darunter die diplomatische Unterstützung Israels, die Förderung der deutsch-israelischen Beziehungen, umfassende Wiedergutmachungsleistungen und das kontinuierliche Engagement für die Erinnerung an den Holocaust und die Bekämpfung von Antisemitismus.

Frage Nr. 307

Was ist ein Beispiel für antisemitisches Verhalten?

- ☐ ein jüdisches Fest besuchen
- ☐ die israelische Regierung kritisieren
- ☒ **den Holocaust leugnen**
- ☐ gegen Juden Fußball spielen

Ein Beispiel für antisemitisches Verhalten ist die Leugnung des Holocausts.

Dies umfasst jegliche Behauptungen oder Aussagen, die die systematische Verfolgung und Ermordung von sechs Millionen Juden durch das nationalsozialistische Regime während des Zweiten Weltkriegs abstreiten, verharmlosen oder rechtfertigen.

Die Holocaustleugnung zielt darauf ab, die historische Wahrheit zu verzerren und die Gräueltaten des Nationalsozialismus zu relativieren.

Sie stellt nicht nur eine extreme Form des Antisemitismus dar, sondern untergräbt auch die Erinnerung an die Opfer und die Lehren, die aus dieser dunklen Zeit der Geschichte gezogen wurden.

In vielen Ländern, einschließlich Deutschlands, ist die Leugnung des Holocausts gesetzlich verboten und wird als Straftat verfolgt.

Frage Nr. 308

Woran erinnern die sogenannten Stolpersteine in Deutschland?

- ☐ an berühmte deutsche Politikerinnen und Politiker
- ☒ **an die Opfer des Nationalsozialismus**
- ☐ an Verkehrstote
- ☐ an bekannte jüdische Musiker

Die sogenannten Stolpersteine in Deutschland sind ein Mahnmal-Projekt, das an die Opfer des Nationalsozialismus erinnert.

Sie werden in den Gehwegen vor den letzten frei gewählten Wohnorten der Opfer eingelassen. Jeder Stolperstein ist eine kleine Messingplatte auf einem Betonblock, auf der Name, Geburtsjahr, Schicksal und das Datum der Deportation oder Ermordung der betreffenden Person eingraviert sind.

Das Projekt, initiiert vom Künstler Gunter Demnig im Jahr 1992, zielt darauf ab, den Opfern – Juden, Sinti und Roma, politischen Gefangenen, Homosexuellen, Zeugen Jehovas und anderen – ein individuelles Gedenken zurückzugeben und die Erinnerung an die Gräueltaten des Holocaust im öffentlichen Raum präsent zu halten.

Die Stolpersteine laden Passanten ein, innezuhalten und sich mit der Geschichte der Personen, die einst Teil ihrer Gemeinde waren, auseinanderzusetzen.

Frage Nr. 309

Wie kann jemand, der den Holocaust leugnet, bestraft werden?

- ☐ Kürzung sozialer Leistungen
- ☐ bis zu 100 Sozialstunden
- ☐ gar nicht, Holocaustleugnung ist erlaubt
- ☒ mit Freiheitsstrafe bis zu fünf Jahren oder mit Geldstrafe

In Deutschland und in einigen anderen Ländern kann die Leugnung des Holocausts strafrechtlich verfolgt werden.

Dies ist in Deutschland durch § 130 Abs. 3 des Strafgesetzbuches (StGB) geregelt, der die öffentliche Billigung, Leugnung oder grobe Verharmlosung von unter der Herrschaft des Nationalsozialismus begangenen Völkermordhandlungen unter Strafe stellt, sofern dies in einer Weise geschieht, die geeignet ist, den öffentlichen Frieden zu stören.

Personen, die den Holocaust leugnen, können mit einer Freiheitsstrafe von bis zu fünf Jahren oder mit Geldstrafen belegt werden.

Diese gesetzliche Regelung spiegelt die Ernsthaftigkeit wider, mit der Deutschland seine historische Verantwortung nimmt, und dient dem Schutz der Erinnerung an die Opfer sowie der Prävention von Hass und Antisemitismus.

Frage Nr. 310

Welche Handlung mit Bezug auf den Staat Israel ist in Deutschland verboten?

- ☐ die Politik Israels öffentlich kritisieren
- ☐ das Aufhängen einer israelischen Flagge auf dem Privatgrundstück
- ☐ eine Diskussion über die Politik Israels
- ☒ der öffentliche Aufruf zur Vernichtung Israels

In Deutschland ist der öffentliche Aufruf zur Vernichtung Israels verboten.

Solche Handlungen können unter das Verbot der Volksverhetzung fallen, wie es im § 130 des Strafgesetzbuches (StGB) festgelegt ist.

Dies umfasst Aussagen, die zum Hass gegen Teile der Bevölkerung aufstacheln, zu Gewalt- oder Willkürmaßnahmen auffordern oder die Menschenwürde anderer angreifen, indem sie Teile der Bevölkerung beschimpfen, böswillig verächtlich machen oder verleumden.

Der öffentliche Aufruf zur Vernichtung Israels wird als eine Form des Antisemitismus betrachtet und steht im Widerspruch zu den Werten der Demokratie und der Menschenrechte, die in Deutschland hochgehalten werden.

Der Länderteil

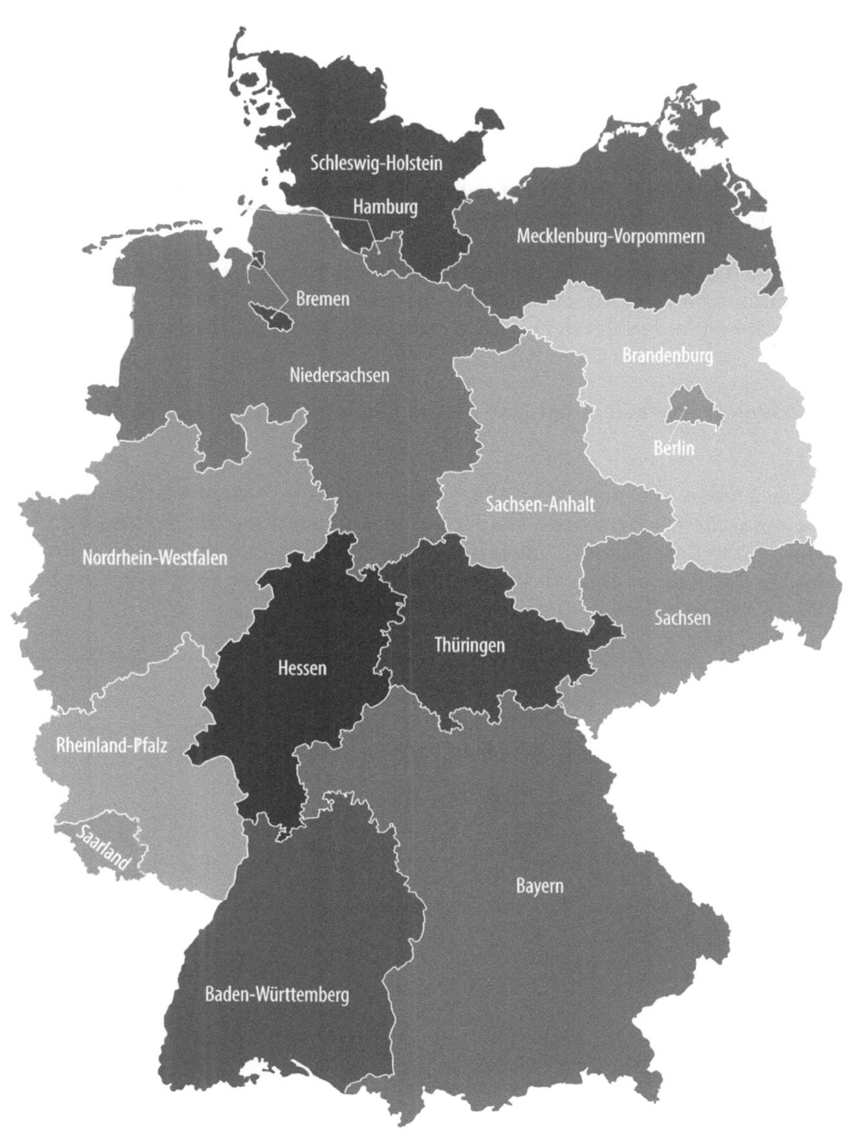

Schleswig-Holstein
Hamburg
Mecklenburg-Vorpommern
Bremen
Brandenburg
Niedersachsen
Berlin
Sachsen-Anhalt
Nordrhein-Westfalen
Sachsen
Thüringen
Hessen
Rheinland-Pfalz
Saarland
Bayern
Baden-Württemberg

Baden-Württemberg

Baden-Württemberg ist ein Bundesland im Südwesten Deutschlands mit einer Fläche von 35.751 Quadratkilometern und einer Bevölkerung von etwa 11,1 Millionen Menschen. Die Hauptstadt von Baden-Württemberg ist Stuttgart.

Geschichte: Baden-Württemberg wurde 1952 durch den Zusammenschluss der ehemaligen Länder Baden, Württemberg-Baden und Württemberg-Hohenzollern gegründet. Die Region hat eine lange Geschichte, die bis in die Antike zurückreicht.

Kultur: Baden-Württemberg hat eine reiche Kultur- und Kunstszene, einschließlich Theater, Musik, Literatur und Kunst. Die Stadt Heidelberg ist bekannt für ihre historische Altstadt und das Schloss Heidelberg. In Stuttgart gibt es zahlreiche Museen, darunter das Kunstmuseum und das Landesmuseum Württemberg. Die Stadt Freiburg im Breisgau ist bekannt für ihre mittelalterliche Altstadt und die Freiburger Münster.

Wirtschaft: Baden-Württemberg hat eine der stärksten Wirtschaften in Deutschland und ist bekannt für seine Automobil- und Maschinenbauindustrie. Das Bundesland ist auch ein wichtiger Standort für Unternehmen in den Bereichen Elektrotechnik, Medizintechnik und erneuerbare Energien.

Politik: Das Land Baden-Württemberg hat eine eigene Landesregierung und ein eigenes Parlament.

Sehenswürdigkeiten: Zu den bekanntesten Sehenswürdigkeiten in Baden-Württemberg gehören das Schloss Heidelberg, die Klosteranlage Maulbronn, das Kloster und die Basilika St. Ulrich und Afra in Augsburg, die Barockstadt Ludwigsburg und die historischen Städte Tübingen und Freiburg im Breisgau. Die Region ist auch bekannt für ihre zahlreichen Schlösser und Burgen, darunter das Schloss Hohenzollern und die Burg Hohennauffen.

Frage Nr. 1
Welches Wappen gehört zum Bundesland Baden-Württemberg?

Bild 1   Bild 2   Bild 3   Bild 4

☒ **Bild 1**
☐ **Bild 2**
☐ **Bild 3**
☐ **Bild 4**

Frage Nr. 2
Welches ist ein Landkreis in Baden-Württemberg?

- ☐ Mecklenburgische Seenplatte
- ☒ **Neckar-Odenwald-Kreis**
- ☐ Nordfriesland
- ☐ Altötting

Frage Nr. 3
Für wie viele Jahre wird der Landtag in Baden-Württemberg gewählt?

- ☐ 3
- ☐ 4
- ☒ 5
- ☐ 6

Frage Nr. 4
Ab welchem Alter darf man in Baden-Württemberg bei Kommunalwahlen wählen?

- ☐ 14
- ☒ 16
- ☐ 18
- ☐ 20

Frage Nr. 5
Welche Farben hat die Landesflagge von Baden-Württemberg?

- ☐ blau-weiß-rot
- ☒ **schwarz-gold**
- ☐ weiß-blau
- ☐ grün-weiß-rot

Frage Nr. 6
Wo können Sie sich in Baden-Württemberg über politische Themen informieren?

- ☐ beim Ordnungsamt der Gemeinde
- ☐ bei der Verbraucherzentrale
- ☒ **bei der Landeszentrale für politische Bildung**
- ☐ bei den Kirchen

Frage Nr. 7
Die Landeshauptstadt von Baden-Württemberg heißt ...

- ☐ Heidelberg.
- ☒ **Stuttgart.**
- ☐ Karlsruhe.
- ☐ Mannheim.

Frage Nr. 8
Welches Bundesland ist Bundesland Baden-Württemberg?

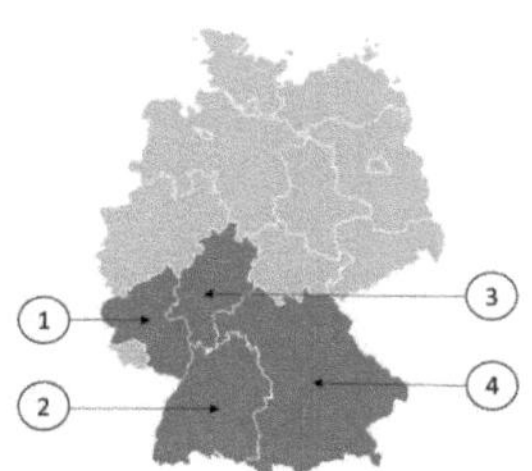

☐ 1
☒ 2
☐ 3
☐ 4

Frage Nr. 9
Wie nennt man die Regierungschefin/den Regierungschef in Baden-Württemberg?

☐ Erste Ministerin/Erster Minister
☐ Premierministerin/Premierminister
☐ Bürgermeisterin/Bürgermeister
☒ **Ministerpräsidentin/Ministerpräsident**

Frage Nr. 10
Welche Ministerin/welchen Minister hat Baden-Württemberg nicht?

☐ Finanzministerin/Finanzminister
☐ Justizministerin/Justizminister
☐ Innenministerin/Innenminister
☒ **Außenministerin/Außenminister**

Bayern ist ein Bundesland im Südosten Deutschlands mit einer Fläche von 70.550 Quadratkilometern und einer Bevölkerung von etwa 13,1 Millionen Menschen. Die Hauptstadt von Bayern ist München.

Geschichte: Bayern hat eine lange Geschichte, die bis in die Antike zurückreicht. Im Mittelalter war Bayern ein wichtiger Bestandteil des Heiligen Römischen Reiches und wurde später ein Königreich. Im 20. Jahrhundert spielte Bayern eine wichtige Rolle in der deutschen Geschichte, insbesondere während der Zeit des Nationalsozialismus.

Kultur: Bayern hat eine reiche Kultur- und Kunstszene, einschließlich Theater, Musik, Literatur und Kunst. München ist bekannt für seine zahlreichen Museen, darunter die Pinakotheken und das Deutsche Museum. Die Stadt ist auch bekannt für ihre traditionellen Bierhallen und das jährliche Oktoberfest. In der Region gibt es viele historische Städte und Dörfer, darunter Rothenburg ob der Tauber und Bamberg.

Wirtschaft: Bayern hat eine starke Wirtschaft und ist ein wichtiger Standort für Unternehmen in den Bereichen Automobil- und Maschinenbau, Elektrotechnik und Informationstechnologie. Die Region ist auch ein wichtiger Standort für die Produktion von Bier und anderen Lebensmitteln.

Politik: Das Land Bayern hat eine eigene Landesregierung und ein eigenes Parlament.

Sehenswürdigkeiten: Zu den bekanntesten Sehenswürdigkeiten in Bayern gehören das Schloss Neuschwanstein, das Schloss Nymphenburg und die Frauenkirche in München, die Würzburger Residenz und der Königssee in den Alpen. Es gibt auch viele historische Städte und Dörfer in der Region, darunter Regensburg, Passau und Füssen. Die Region ist auch bekannt für ihre zahlreichen Schlösser und Burgen, darunter die Burg Trausnitz und die Burg Burghausen.

Frage Nr. 1
Welches Wappen gehört zum Freistaat Bayern?

- ☐ Bild 1
- ☑ **Bild 2**
- ☐ Bild 3
- ☐ Bild 4

Bayern

Frage Nr. 2
Welches ist ein Landkreis in Bayern?

- ☐ Prignitz
- ☐ Rhein-Sieg-Kreis
- ☐ Nordfriesland
- ☒ **Altötting**

Frage Nr. 3
Für wie viele Jahre wird der Landtag in Bayern gewählt?

- ☐ 3
- ☐ 4
- ☒ 5
- ☐ 6

Frage Nr. 4
Ab welchem Alter darf man in Bayern bei Kommunalwahlen wählen?

- ☐ 14
- ☐ 16
- ☒ 18
- ☐ 20

Frage Nr. 5
Welche Farben hat die Landesflagge von Bayern?

- ☐ blau-weiß-rot
- ☒ **weiß-blau**
- ☐ grün-weiß-rot
- ☐ schwarz-gelb

Frage Nr. 6
Wo können Sie sich in Bayern über politische Themen informieren?

- ☐ beim Ordnungsamt der Gemeinde
- ☒ **bei der Landeszentrale für politische Bildung**
- ☐ bei der Verbraucherzentrale
- ☐ bei den Kirchen

Frage Nr. 7
Die Landeshauptstadt von Bayern heißt ...

- ☐ Ingolstadt.
- ☐ Regensburg.
- ☐ Nürnberg.
- ☒ **München.**

Frage Nr. 8
Welches Bundesland ist Bayern?

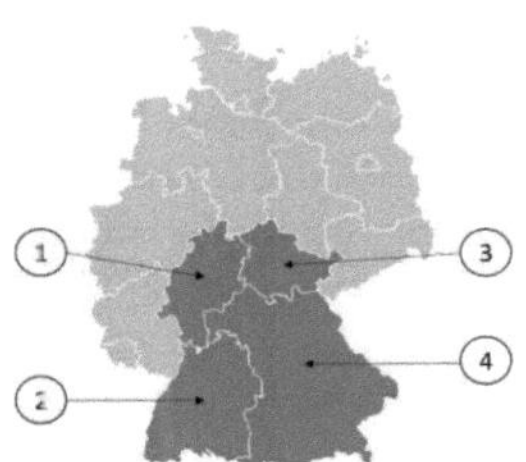

- ☐ 1
- ☐ 2
- ☐ 3
- ☑ **4**

Frage Nr. 9
Wie nennt man die Regierungschefin/den Regierungschef in Bayern?

- ☐ Erste Ministerin/Erster Minister
- ☐ Premierministerin/Premierminister
- ☐ Bürgermeisterin/Bürgermeister
- ☑ **Ministerpräsidentin/Ministerpräsident**

Frage Nr. 10
Welche Ministerin/welchen Minister hat Bayern nicht?

- ☐ Justizministerin/Justizminister
- ☑ **Außenministerin/Außenminister**
- ☐ Finanzministerin/Finanzminister
- ☐ Innenministerin/Innenminister

Berlin

Berlin ist die Hauptstadt Deutschlands und das flächengrößte Bundesland des Landes. Es hat eine Fläche von 891,85 Quadratkilometern und eine Bevölkerung von etwa 3,7 Millionen Menschen. Die Stadt ist in zwölf Bezirke unterteilt.

Geschichte: Berlin wurde im 13. Jahrhundert gegründet und hat eine bewegte Geschichte. Im 20. Jahrhundert war Berlin ein Zentrum des Kalten Krieges, da die Stadt von 1945 bis 1990 von der Berliner Mauer geteilt war und sich im Ostteil der Stadt die Hauptstadt der DDR befand. Nach der Wiedervereinigung Deutschlands im Jahr 1990 wurde Berlin wieder die Hauptstadt des Landes.

Kultur: Berlin ist bekannt für seine vielfältige Kultur- und Kunstszene, einschließlich Theater, Musik, Literatur und Film. Es gibt auch viele Museen und Galerien in der Stadt, darunter das Pergamonmuseum und die Alte Nationalgalerie. Die Stadt ist auch bekannt für ihre Street Art, Graffiti und alternative Kunst- und Kulturveranstaltungen.

Wirtschaft: Berlin hat eine wachsende Wirtschaft, insbesondere in den Bereichen Technologie und Start-ups. Unternehmen wie SoundCloud, Delivery Hero und Zalando haben hier ihren Hauptsitz. Die Stadt ist auch ein wichtiger Tourismusort und zieht jedes Jahr Millionen von Besuchern an.

Politik: Das Land Berlin ist ein eigenständiges Bundesland innerhalb Deutschlands und hat eine eigene Landesregierung sowie ein eigenes Parlament. Berlin ist auch Sitz des deutschen Bundestages, des Bundesrates und der Bundesregierung.

Sehenswürdigkeiten: Zu den bekanntesten Sehenswürdigkeiten in Berlin gehören das Brandenburger Tor, die Berliner Mauer, das Reichstagsgebäude, der Fernsehturm am Alexanderplatz und der Berliner Zoo. Es gibt auch viele Parks und Grünflächen in der Stadt, darunter der Tiergarten und der Treptower Park.

Frage Nr. 1
Welches Wappen gehört zum Bundesland Berlin?

- ☐ Bild 1
- ☐ Bild 2
- ☐ Bild 3
- ☒ **Bild 4**

Frage Nr. 2
Welches ist ein Bezirk von Berlin?

- ☐ Altona
- ☐ Prignitz
- ☒ **Pankow**
- ☐ Mecklenburgische Seenplatte

Frage Nr. 3
Für wie viele Jahre wird das Landesparlament in Berlin gewählt?

- ☐ 3
- ☐ 4
- ☒ 5
- ☐ 6

Frage Nr. 4
Ab welchem Alter darf man in Berlin bei Kommunalwah-
len (Wahl der Bezirksverordnetenversammlung) wählen?

- ☐ 14
- ☒ 16
- ☐ 18
- ☐ 20

Frage Nr. 5
Welche Farben hat die Landesflagge von Berlin?

- ☐ blau-weiß-rot
- ☒ **weiß-rot**
- ☐ grün-weiß-rot
- ☐ schwarz-gold

Frage Nr. 6
Wo können Sie sich in Berlin über politische Themen informieren?

- ☐ beim Ordnungsamt der Gemeinde
- ☐ bei den Kirchen
- ☐ bei der Verbraucherzentrale
- ☒ **bei der Landeszentrale für politische Bildung**

Frage Nr. 7
Welches Bundesland ist ein Stadtstaat?

- ☒ **Berlin**
- ☐ Saarland
- ☐ Brandenburg
- ☐ Hessen

Berlin

Frage Nr. 8
Welches Bundesland ist Berlin?

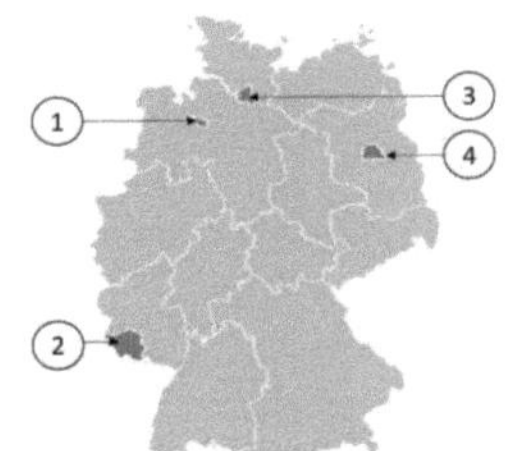

- ☐ 1
- ☐ 2
- ☐ 3
- ☒ **4**

Frage Nr. 9
Wie nennt man die Regierungschefin/den Regierungschef des Stadtstaates Berlin?

- ☐ Ministerpräsidentin/Ministerpräsident
- ☐ Oberbürgermeisterin/Oberbürgermeister
- ☐ Präsidentin/Präsident des Senates
- ☒ **Regierende Bürgermeisterin/Regierender Bürgermeister**

Frage Nr. 10
Welche Senatorin/welchen Senator hat Berlin nicht?

- ☐ Finanzsenatorin/Finanzsenator
- ☐ Innensenatorin/Innensenator
- ☒ **Senatorin/Senator für Außenbeziehungen**
- ☐ Justizsenatorin/Justizsenator

Brandenburg ist ein Bundesland im Osten Deutschlands mit einer Fläche von 29.478 Quadratkilometern und einer Bevölkerung von etwa 2,5 Millionen Menschen. Die Hauptstadt von Brandenburg ist Potsdam.

Geschichte: Brandenburg wurde im 12. Jahrhundert gegründet und hat eine reiche Geschichte, die von der preußischen Monarchie und dem Zweiten Weltkrieg geprägt ist. Während des Kalten Krieges lag Brandenburg an der innerdeutschen Grenze und war ein wichtiger Ort für die DDR-Grenzsicherung.

Kultur: Brandenburg hat eine reiche Kultur- und Kunstszene, einschließlich Theater, Musik, Literatur und Kunst. Die Stadt Potsdam ist bekannt für ihre vielen Schlösser und Gärten, darunter das Schloss Sanssouci und den Park Babelsberg. Das Museum Barberini in Potsdam ist auch ein beliebtes Ziel für Kunstliebhaber.

Wirtschaft: Brandenburg hat eine vielfältige Wirtschaft, die von der Landwirtschaft bis hin zur High-Tech-Industrie reicht. Zu den wichtigsten Wirtschaftszweigen gehören erneuerbare Energien, Logistik und Maschinenbau.

Politik: Das Land Brandenburg hat eine eigene Landesregierung und ein eigenes Parlament.

Sehenswürdigkeiten: Zu den bekanntesten Sehenswürdigkeiten in Brandenburg gehören das Schloss Sanssouci und der Park Babelsberg in Potsdam, der Spreewald mit seinen Flüssenen und Kahnfahrten sowie das Kloster Neuzelle im Osten des Landes. Es gibt auch viele Seen und Flüsse in der Region, die für Wassersport und Erholung genutzt werden können, wie zum Beispiel der Müggelsee und der Schwielochsee.

Frage Nr. 1
Welches Wappen gehört zum Bundesland Brandenburg?

Bild 1   Bild 2   Bild 3   Bild 4

☒ Bild 1
☐ Bild 2
☐ Bild 3
☐ Bild 4

Brandenburg

Frage Nr. 2
Welches ist ein Landkreis in Brandenburg?

☑ **Prignitz**
☐ Rhein-Sieg-Kreis
☐ Vogtlandkreis
☐ Amberg-Sulzbach

Frage Nr. 3
Für wie viele Jahre wird der Landtag in Brandenburg gewählt?

☐ 3
☐ 4
☑ 5
☐ 6

Frage Nr. 4
Ab welchem Alter darf man in Brandenburg bei Kommunalwahlen wählen?

☐ 14
☑ 16
☐ 18
☐ 20

Frage Nr. 5
Welche Farben hat die Landesflagge von Brandenburg?

☐ blau-weiß-rot
☑ **rot-weiß**
☐ grün-weiß-rot
☐ schwarz-gelb

Frage Nr. 6
Wo können Sie sich in Brandenburg über politische Themen informieren?

☐ bei den Kirchen
☐ beim Ordnungsamt der Gemeinde
☑ **bei der Landeszentrale für politische Bildung**
☐ bei der Verbraucherzentrale

Frage Nr. 7
Die Landeshauptstadt von Brandenburg heißt ...

☑ **Potsdam.**
☐ Cottbus.
☐ Brandenburg.
☐ Frankfurt/Oder.

Frage Nr. 8
Welches Land ist das Bundesland Brandenburg?

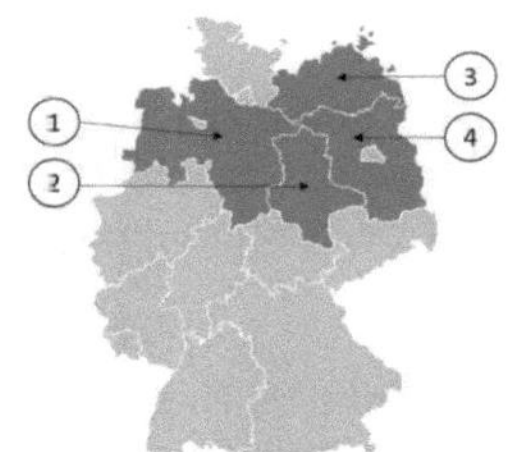

- ☐ 1
- ☐ 2
- ☐ 3
- ☑ **4**

Frage Nr. 9
Wie nennt man die Regierungschefin/den Regierungschef in Brandenburg?

- ☐ Erste Ministerin/Erster Minister
- ☐ Premierministerin/Premierminister
- ☐ Bürgermeisterin/Bürgermeister
- ☑ **Ministerpräsidentin/Ministerpräsident**

Frage Nr. 10
Welche Ministerin/welchen Minister hat Brandenburg nicht?

- ☐ Justizministerin/Justizminister
- ☑ **Außenministerin/Außenminister**
- ☐ Finanzministerin/Finanzminister
- ☐ Innenministerin/Innenminister

Bremen

Bremen ist ein Stadtstaat im Norden Deutschlands und das kleinste Bundesland des Landes. Es hat eine Fläche von 419 Quadratkilometern und eine Bevölkerung von etwa 681.000 Menschen. Bremen besteht aus den beiden Städten Bremen und Bremerhaven.

Geschichte: Bremen wurde im 8. Jahrhundert gegründet und ist eine der ältesten Städte Deutschlands. Im Mittelalter war Bremen ein bedeutender Handelsplatz und Mitglied der Hanse. Während des Zweiten Weltkriegs wurde die Stadt stark zerstört, aber später wieder aufgebaut.

Kultur: Bremen hat eine reiche Kultur- und Kunstszene, einschließlich Theater, Musik, Literatur und Kunst. Die Stadt ist bekannt für ihre historische Altstadt, die zum UNESCO-Weltkulturerbe gehört, und ihre zahlreichen Museen und Galerien, darunter das Bremer Kunst- und Kulturzentrum und das Übersee-Museum.

Wirtschaft: Bremen hat eine wichtige Rolle als Hafenstadt und ist einer der größten deutschen Seehäfen. Es ist auch bekannt für seine Luft- und Raumfahrtindustrie, mit Unternehmen wie Airbus und OHB System, sowie für seine Automobil- und Lebensmittelindustrie.

Politik: Das Land Bremen ist ein eigenständiger Stadtstaat innerhalb Deutschlands und hat eine eigene Landesregierung sowie ein eigenes Parlament.

Sehenswürdigkeiten: Zu den bekanntesten Sehenswürdigkeiten in Bremen gehören das Bremer Rathaus, der Bremer Roland und die Bremer Stadtmusikanten. In Bremerhaven ist das Deutsche Auswandererhaus ein beliebtes Ziel für Touristen. Es gibt auch viele Parks und Grünflächen in beiden Städten, darunter der Bürgerpark in Bremen und der Zoo am Meer in Bremerhaven.

Frage Nr. 1
Welches Wappen gehört zur Freien Hansestadt Bremen?

Bild 1   Bild 2   Bild 3   Bild 4

- ☐ Bild 1
- ☐ Bild 2
- ☒ **Bild 3**
- ☐ Bild 4

Frage Nr. 2
Welches ist ein Stadtteil von Bremen?

- ☐ Altona
- ☒ **Hemelingen**
- ☐ Pankow
- ☐ Babelsberg

Frage Nr. 3
Für wie viele Jahre wird das Landesparlament in Bremen gewählt?

- ☐ 3
- ☒ **4**
- ☐ 5
- ☐ 6

Frage Nr. 4
Ab welchem Alter darf man in Bremen bei den Wahlen zur Bürgerschaft (Landtag) wählen?

- ☐ 14
- ☒ **16**
- ☐ 18
- ☐ 20

Frage Nr. 5
Welche Farben hat die Landesflagge von Bremen?

- ☐ blau-weiß-rot
- ☒ **rot-weiß**
- ☐ grün-weiß-rot
- ☐ schwarz-gold

Frage Nr. 6
Wo können Sie sich in Bremen über politische Themen informieren?

- ☐ beim Ordnungsamt der Gemeinde
- ☒ **bei der Landeszentrale für politische Bildung**
- ☐ bei den Kirchen
- ☐ bei der Verbraucherzentrale

Frage Nr. 7
Was ist ein deutscher Stadtstaat?

- ☒ **Bremen**
- ☐ München
- ☐ Frankfurt
- ☐ Erfurt

Bremen

Frage Nr. 8
Welches Bundesland ist Bremen?

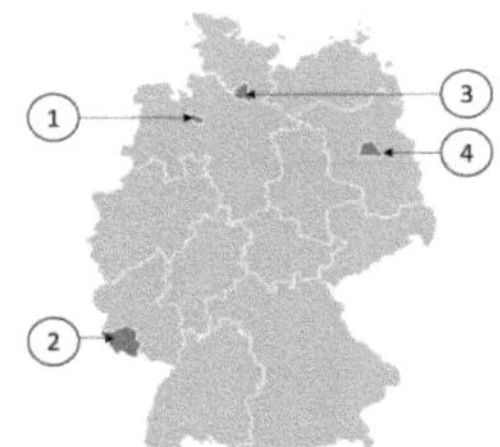

☑ 1
☐ 2
☐ 3
☐ 4

Frage Nr. 9
Wie nennt man die Regierungschefin/den Regierungschef des Stadtstaates Bremen?

☐ Ministerpräsidentin/Ministerpräsident
☐ Erste Bürgermeisterin/Erster Bürgermeister
☑ **Präsidentin/Präsident des Senates**
☐ Regierende Bürgermeisterin/Regierender Bürgermeister

Frage Nr. 10
Welche Senatorin/welchen Senator hat Bremen nicht?

☑ **Senatorin/Senator für Außenbeziehungen**
☐ Finanzsenatorin/Finanzsenator
☐ Justizsenatorin/Justizsenator
☐ Innensenatorin/Innensenator

Hamburg ist ein Stadtstaat im Norden Deutschlands mit einer Fläche von 755 Quadratkilometern und einer Bevölkerung von etwa 1,8 Millionen Menschen. Hamburg ist die zweitgrößte Stadt Deutschlands und hat den größten Seehafen des Landes.

Geschichte: Hamburg hat eine lange Geschichte als wichtiger Handelsplatz und Hafenstadt. Während des Zweiten Weltkriegs wurde die Stadt stark zerstört, aber später wieder aufgebaut.

Kultur: Hamburg hat eine reiche Kultur- und Kunstszene, einschließlich Theater, Musik, Literatur und Kunst. Die Stadt ist bekannt für ihre historische Speicherstadt, die zum UNESCO-Weltkulturerbe gehört, sowie für ihre zahlreichen Museen, darunter die Kunsthalle und das Internationale Maritime Museum.

Wirtschaft: Hamburg hat einen der größten Seehäfen Europas und ist ein wichtiger Standort für die maritime Wirtschaft. Die Stadt ist auch ein wichtiger Standort für die Medien- und Werbeindustrie sowie für die Luftfahrtindustrie.

Politik: Das Land Hamburg ist ein eigenständiger Stadtstaat innerhalb Deutschlands und hat eine eigene Landesregierung sowie ein eigenes Parlament.

Sehenswürdigkeiten: Zu den bekanntesten Sehenswürdigkeiten in Hamburg gehören der Hamburger Hafen, die Elbphilharmonie, die St. Michaelis-Kirche und die Reeperbahn im Stadtteil St. Pauli. Es gibt auch viele Parks und Grünflächen in der Stadt, darunter der Stadtpark und die Planten un Blomen.

Frage Nr. 1
Welches Wappen gehört zur Freien und Hansestadt Hamburg?

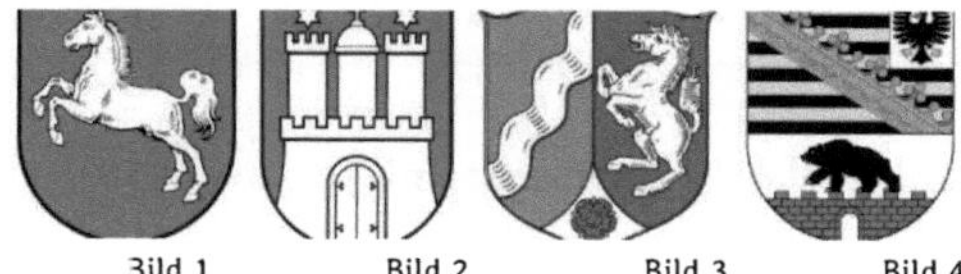

- ☐ Bild 1
- ☒ **Bild 2**
- ☐ Bild 3
- ☐ Bild 4

Hamburg

Frage Nr. 2
Welches ist ein Bezirk von Hamburg?

- ☒ **Altona**
- ☐ Hemelingen
- ☐ Pankow
- ☐ Mecklenburgische Seenplatte

Frage Nr. 3
Für wie viele Jahre wird das Landesparlament in Hamburg gewählt?

- ☐ 3
- ☒ **4**
- ☐ 5
- ☐ 6

Frage Nr. 4
Ab welchem Alter darf man in Hamburg bei Kommunalwahlen (Wahl der Bezirksversammlungen) wählen?

- ☐ 14
- ☒ **16**
- ☐ 18
- ☐ 20

Frage Nr. 5
Welche Farben hat die Landesflagge von Hamburg?

- ☐ blau-weiß-rot
- ☒ **weiß-rot**
- ☐ grün-weiß-rot
- ☐ schwarz-gelb

Frage Nr. 6
Wo können Sie sich in Hamburg über politische Themen informieren?

- ☐ beim Ordnungsamt der Gemeinde
- ☐ bei der Verbraucherzentrale
- ☐ bei den Kirchen
- ☒ **bei der Landeszentrale für politische Bildung**

Frage Nr. 7
Welches Bundesland ist ein Stadtstaat?

- ☒ **Hamburg**
- ☐ Sachsen
- ☐ Bayern
- ☐ Thüringen

Frage Nr. 8
Welches Bundesland ist Hamburg?

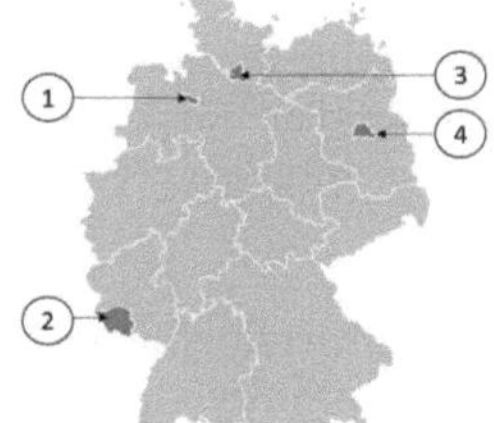

☐ 1
☐ 2
☑ 3
☐ 4

Frage Nr. 9
Wie nennt man die Regierungschefin/den Regierungschef
des Stadtstaates Hamburg?

☐ Ministerpräsidentin/Ministerpräsident
☑ **Erste Bürgermeisterin/Erster Bürgermeister**
☐ Regierende Senatorin/Regierender Senator
☐ Oberbürgermeisterin/Oberbürgermeister

Frage Nr. 10
Welche Senatorin/welchen Senator hat Hamburg nicht?

☐ Justizsenatorin/Justizsenator
☑ **Senatorin/Senator für Außenbeziehungen**
☐ Finanzsenatorin/Finanzsenator
☐ Innensenatorin/Innensenator

Hessen

Hessen ist ein Bundesland in der Mitte Deutschlands mit einer Fläche von 21.114 Quadratkilometern und einer Bevölkerung von etwa 6,3 Millionen Menschen. Die Hauptstadt von Hessen ist Wiesbaden.

Geschichte: Hessen hat eine lange Geschichte, die bis in die Antike zurückreicht. Im Mittelalter war Hessen ein wichtiger Bestandteil des Heiligen Römischen Reiches. Im 20. Jahrhundert spielte Hessen eine wichtige Rolle in der deutschen Geschichte, insbesondere während der Zeit des Nationalsozialismus.

Kultur: Hessen hat eine reiche Kultur- und Kunstszene, einschließlich Theater, Musik, Literatur und Kunst. Frankfurt am Main ist bekannt für seine zahlreichen Museen, darunter das Städel Museum und das Goethe-Haus. Die Stadt ist auch ein wichtiger Finanzplatz und Sitz der Europäischen Zentralbank. In der Region gibt es viele historische Städte und Dörfer, darunter Marburg und Gießen.

Wirtschaft: Hessen hat eine starke Wirtschaft und ist ein wichtiger Standort für Unternehmen in den Bereichen Finanzdienstleistungen, Informationstechnologie und Biotechnologie. Die Region ist auch ein wichtiger Standort für die Produktion von Chemikalien und Maschinenbau.

Politik: Das Land Hessen hat eine eigene Landesregierung und ein eigenes Parlament.

Sehenswürdigkeiten: Zu den bekanntesten Sehenswürdigkeiten in Hessen gehören das Schloss Braunfels, die Altstadt von Marburg und die Mathildenhöhe in Darmstadt. Es gibt auch viele historische Städte und Dörfer in der Region, darunter Fritzlar und Hanau. Die Region ist auch bekannt für ihre zahlreichen Burgen und Schlösser, darunter die Burg Frankenstein und die Burg Hohenzollern.

Frage Nr. 1
Welches Wappen gehört zum Bundesland Hessen?

☑ **Bild 1**
☐ Bild 2
☐ Bild 3
☐ Bild 4

Frage Nr. 2
Welches ist ein Landkreis in Hessen?

- ☐ Ammerland
- ☐ Altötting
- ☐ Prignitz
- ☒ **Main-Taunus-Kreis**

Frage Nr. 3
Für wie viele Jahre wird der Landtag in Hessen gewählt?

- ☐ 3
- ☐ 4
- ☒ 5
- ☐ 6

Frage Nr. 4
Ab welchem Alter darf man in Hessen bei Kommunalwahlen wählen?

- ☐ 14
- ☐ 16
- ☒ 18
- ☐ 20

Frage Nr. 5
Welche Farben hat die Landesflagge von Hessen?

- ☐ blau-weiß-rot
- ☒ **rot-weiß**
- ☐ schwarz-gold
- ☐ grün-weiß-rot

Frage Nr. 6
Wo können Sie sich in Hessen über politische Themen informieren?

- ☒ **bei der Landeszentrale für politische Bildung**
- ☐ bei der Verbraucherzentrale
- ☐ beim Ordnungsamt der Gemeinde
- ☐ bei den Kirchen

Frage Nr. 7
Die Landeshauptstadt von Hessen heißt ...

- ☐ Kassel.
- ☐ Darmstadt.
- ☐ Frankfurt.
- ☒ **Wiesbaden.**

Hessen

Frage Nr. 8
Welches Bundesland ist Hessen?

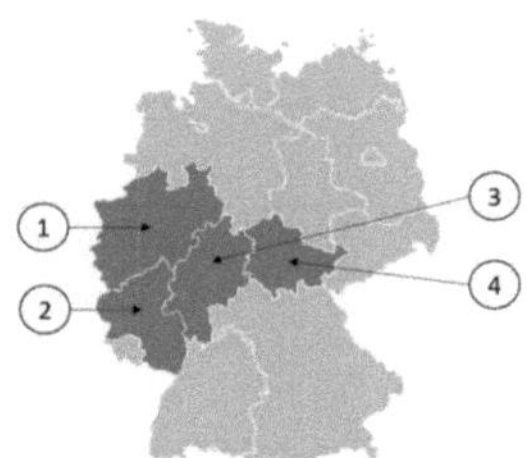

- ☐ 1
- ☐ 2
- ☒ 3
- ☐ 4

Frage Nr. 9
Wie nennt man die Regierungschefin/den Regierungschef in Hessen?

- ☐ Erste Ministerin/Erster Minister
- ☐ Premierministerin/Premierminister
- ☐ Bürgermeisterin/Bürgermeister
- ☒ **Ministerpräsidentin/Ministerpräsident**

Frage Nr. 10
Welche Ministerin/welchen Minister hat Hessen nicht?

- ☐ Justizministerin/Justizminister
- ☒ **Außenministerin/Außenminister**
- ☐ Finanzministerin/Finanzminister
- ☐ Innenministerin/Innenminister

Mecklenburg-Vorpommern ist ein Bundesland im Nordosten Deutschlands mit einer Fläche von 23.174 Quadratkilometern und einer Bevölkerung von etwa 1,6 Millionen Menschen. Die Hauptstadt von Mecklenburg-Vorpommern ist Schwerin.

Geschichte: Mecklenburg-Vorpommern hat eine lange Geschichte, die bis in die Antike zurückreicht. Im Mittelalter war die Region Teil des Heiligen Römischen Reiches und später Teil des schwedischen Reiches. Während des Zweiten Weltkriegs wurde die Region stark zerstört, aber später wieder aufgebaut.

Kultur: Mecklenburg-Vorpommern hat eine reiche Kultur- und Kunstszene, einschließlich Theater, Musik, Literatur und Kunst. Die Stadt Rostock ist bekannt für ihre historische Altstadt und ihre Universität. In der Region gibt es viele historische Städte und Dörfer, darunter Wismar und Greifswald. Die Insel Rügen und die Ostseeküste sind auch beliebte Touristenziele.

Wirtschaft: Mecklenburg-Vorpommern hat eine vielfältige Wirtschaft, die von der Landwirtschaft bis hin zur Tourismusbranche reicht. Die Region ist auch ein wichtiger Standort für die Produktion von erneuerbaren Energien, insbesondere von Windenergieanlagen.

Politik: Das Land Mecklenburg-Vorpommern hat eine eigene Landesregierung und ein eigenes Parlament.

Sehenswürdigkeiten: Zu den bekanntesten Sehenswürdigkeiten in Mecklenburg-Vorpommern gehören die historischen Städte Wismar und Rostock, die Insel Rügen, die Ostseeküste und die Mecklenburgische Seenplatte. Die Region ist auch bekannt für ihre zahlreichen Schlösser und Gutshäuser, darunter das Schloss Güstrow und das Schloss Ludwigslust. Die Hansestadt Stralsund mit ihrem beeindruckenden Backsteingotik-Ensemble gehört zum UNESCO-Weltkulturerbe.

Frage Nr. 1
Welches Wappen gehört zum Bundesland Mecklenburg-Vorpommern?

Bild 1   Bild 2   Bild 3   Bild 4

- ☐ Bild 1
- ☐ Bild 2
- ☒ **Bild 3**
- ☐ Bild 4

Frage Nr. 2
Welches ist ein Landkreis in Mecklenburg-Vorpommern?

- ☐ Prignitz
- ☒ **Mecklenburgische Seenplatte**
- ☐ Vogtlandkreis
- ☐ Rhein-Sieg-Kreis

Frage Nr. 3
Für wie viele Jahre wird der Landtag in Mecklenburg-Vorpommern gewählt?

- ☐ 3
- ☐ 4
- ☒ 5
- ☐ 6

Frage Nr. 4
Ab welchem Alter darf man in Mecklenburg-Vorpommern bei Kommunalwahlen wählen?

- ☐ 14
- ☒ 16
- ☐ 18
- ☐ 20

Frage Nr. 5
Welche Farben hat die Landesflagge von Mecklenburg-Vorpommern?

- ☐ schwarz-rot-gold
- ☒ **blau-weiß-gelb-rot**
- ☐ grün-weiß-rot
- ☐ schwarz-gelb

Frage Nr. 6
Wo können Sie sich in Mecklenburg-Vorpommern über politische Themen informieren?

- ☒ **bei der Landeszentrale für politische Bildung**
- ☐ bei den Kirchen
- ☐ beim Ordnungsamt der Gemeinde
- ☐ bei der Verbraucherzentrale

Frage Nr. 7
Die Landeshauptstadt von Mecklenburg-Vorpommern heißt ...

- ☐ Greifswald.
- ☒ **Schwerin.**
- ☐ Rostock.
- ☐ Wismar.

Frage Nr. 8
Welches Bundesland ist Mecklenburg-Vorpommern?

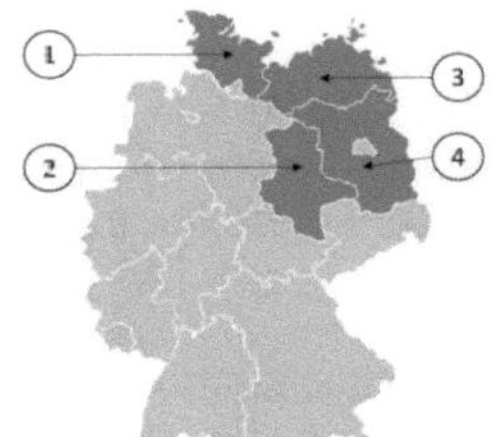

- ☐ 1
- ☐ 2
- ☒ 3
- ☐ 4

Frage Nr. 9
Wie nennt man die Regierungschefin/den Regierungschef in Mecklenburg-Vorpommern?

- ☐ Erste Ministerin/Erster Minister
- ☐ Premierministerin/Premierminister
- ☐ Bürgermeisterin/Bürgermeister
- ☒ **Ministerpräsidentin/Ministerpräsident**

Frage Nr. 10
Welche Ministerin/welchen Minister hat Mecklenburg-Vorpommern nicht?

- ☐ Justizministerin/Justizminister
- ☒ **Außenministerin/Außenminister**
- ☐ Finanzministerin/Finanzminister
- ☐ Innenministerin/Innenminister

Niedersachsen

Niedersachsen ist ein Bundesland im Nordwesten Deutschlands mit einer Fläche von 47.609 Quadratkilometern und einer Bevölkerung von etwa 8,9 Millionen Menschen. Die Hauptstadt von Niedersachsen ist Hannover.

Geschichte: Niedersachsen hat eine lange Geschichte, die bis in die Antike zurückreicht. Im Mittelalter war die Region Teil des Heiligen Römischen Reiches und später Teil des Königreichs Hannover. Während des Zweiten Weltkriegs wurde die Region stark zerstört, aber später wieder aufgebaut.

Kultur: Niedersachsen hat eine reiche Kultur- und Kunstszene, einschließlich Theater, Musik, Literatur und Kunst. Die Stadt Hannover ist bekannt für ihre Herrenhäuser Gärten und die documenta Kunstausstellung. In der Region gibt es viele historische Städte und Dörfer, darunter Lüneburg und Celle.

Wirtschaft: Niedersachsen hat eine vielfältige Wirtschaft, die von der Landwirtschaft bis hin zur Automobilindustrie reicht. Die Region ist auch ein wichtiger Standort für Unternehmen in den Bereichen Energie, Chemie und Logistik.

Politik: Das Land Niedersachsen hat eine eigene Landesregierung und ein eigenes Parlament.

Sehenswürdigkeiten: Zu den bekanntesten Sehenswürdigkeiten in Niedersachsen gehören die Herrenhäuser Gärten in Hannover, das Schloss Marienburg in Pattensen, das Weltkulturerbe Fagus-Werk in Alfeld und das Wattenmeer an der Nordseeküste. Es gibt auch viele historische Städte und Dörfer in der Region, darunter Goslar, Hildesheim und Hameln. Die Lüneburger Heide ist auch ein beliebtes Ziel für Wanderungen und Naturerlebnisse.

Frage Nr. 1
Welches Wappen gehört zum Bundesland Niedersachsen?

Bild 1   Bild 2   Bild 3   Bild 4

☐ Bild 1
☐ Bild 2
☒ **Bild 3**
☐ Bild 4

Frage Nr. 2
Welches ist ein Landkreis in Niedersachsen?

☒ **Ammerland**
☐ Rhein-Sieg-Kreis
☐ Nordfriesland
☐ Vogtlandkreis

Frage Nr. 3
Für wie viele Jahre wird der Landtag in Niedersachsen gewählt?

☐ 3
☐ 4
☒ 5
☐ 6

Frage Nr. 4
Ab welchem Alter darf man in Niedersachsen bei Kommunalwahlen wählen?

☐ 14
☒ 16
☐ 18
☐ 20

Frage Nr. 5
Welche Farben hat die Landesflagge von Niedersachsen?

☐ weiß-blau
☒ **schwarz-rot-gold**
☐ schwarz-gelb
☐ blau-weiß-rot

Frage Nr. 6
Wo können Sie sich in Niedersachsen über politische Themen informieren?

☒ **bei der Landeszentrale für politische Bildung**
☐ beim Ordnungsamt der Gemeinde
☐ bei der Verbraucherzentrale
☐ bei den Kirchen

Frage Nr. 7
Die Landeshauptstadt von Niedersachsen heißt ...

☒ **Hannover.**
☐ Braunschweig.
☐ Wolfsburg.
☐ Osnabrück.

Niedersachsen

Frage Nr. 8
Welches Bundesland ist Niedersachsen?

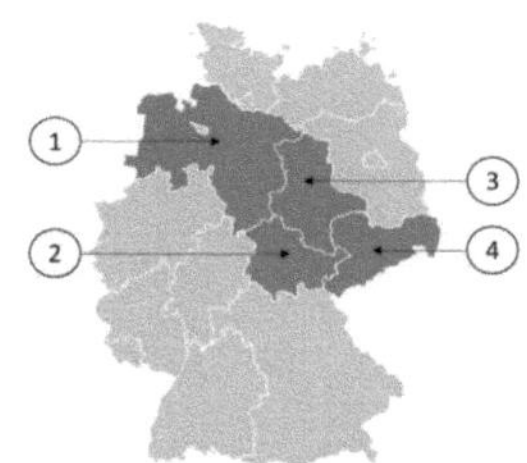

☒ 1
☐ 2
☐ 3
☐ 4

Frage Nr. 9
Wie nennt man die Regierungschefin/den Regierungschef in Niedersachsen?

☐ Erste Ministerin/Erster Minister
☐ Premierministerin/Premierminister
☐ Bürgermeisterin/Bürgermeister
☒ **Ministerpräsidentin/Ministerpräsident**

Frage Nr. 10
Welche Ministerin/welchen Minister hat Niedersachsen nicht?

☐ Justizministerin/Justizminister
☒ **Außenministerin/Außenminister**
☐ Finanzministerin/Finanzminister
☐ Innenministerin/Innenminister

Nordrhein-Westfalen ist ein Bundesland im Westen Deutschlands mit einer Fläche von 34.083 Quadratkilometern und einer Bevölkerung von etwa 17,9 Millionen Menschen. Die Hauptstadt von Nordrhein-Westfalen ist Düsseldorf.

Geschichte: Nordrhein-Westfalen hat eine lange Geschichte, die bis in die Antike zurückreicht. Im Mittelalter war die Region Teil des Heiligen Römischen Reiches und später Teil des Königreichs Preußen. Während des Zweiten Weltkriegs wurde die Region stark zerstört, aber später wieder aufgebaut.

Kultur: Nordrhein-Westfalen hat eine reiche Kultur- und Kunstszene, einschließlich Theater, Musik, Literatur und Kunst. Die Stadt Köln ist bekannt für ihren Kölner Dom und den Karneval. Düsseldorf ist bekannt für seine Kunstszene und seine Modeindustrie. In der Region gibt es viele historische Städte und Dörfer, darunter Aachen und Münster.

Wirtschaft: Nordrhein-Westfalen hat eine der stärksten Wirtschaften in Deutschland und ist bekannt für seine Automobilindustrie, Chemieindustrie und Maschinenbauindustrie. Die Region ist auch ein wichtiger Standort für die Energieproduktion und den Bergbau.

Politik: Das Land Nordrhein-Westfalen hat eine eigene Landesregierung und ein eigenes Parlament.

Sehenswürdigkeiten: Zu den bekanntesten Sehenswürdigkeiten in Nordrhein-Westfalen gehören der Kölner Dom, die Düsseldorfer Altstadt und die Burg Eltz in der Eifel. Es gibt auch viele historische Städte und Dörfer in der Region, darunter Bonn und Paderborn. Der Landschaftspark Duisburg-Nord und der Nationalpark Eifel sind auch beliebte Ziele für Outdoor-Aktivitäten.

Frage Nr. 1
Welches Wappen gehört zum Bundesland Nordrhein-Westfalen?

Bild 1   Bild 2   Bild 3   Bild 4

- ☐ Bild 1
- ☑ **Bild 2**
- ☐ Bild 3
- ☐ Bild 4

Nordrhein-Westfalen

Frage Nr. 2
Welches ist ein Landkreis in Nordrhein-Westfalen?

- ☐ Ammerland
- ☒ **Rhein-Sieg-Kreis**
- ☐ Nordfriesland
- ☐ Vogtlandkreis

Frage Nr. 3
Für wie viele Jahre wird der Landtag in Nordrhein-Westfalen gewählt?

- ☐ 3
- ☐ 4
- ☒ 5
- ☐ 6

Frage Nr. 4
Ab welchem Alter darf man in Nordrhein-Westfalen bei Kommunalwahlen wählen?

- ☐ 14
- ☒ 16
- ☐ 18
- ☐ 20

Frage Nr. 5
Welche Farben hat die Landesflagge von Nordrhein-Westfalen?

- ☐ rot-weiß
- ☒ **grün-weiß-rot**
- ☐ schwarz-gold
- ☐ blau-weiß-rot

Frage Nr. 6
Wo können Sie sich in Nordrhein-Westfalen über politische Themen informieren?

- ☐ bei den Kirchen
- ☐ beim Ordnungsamt der Gemeinde
- ☐ bei der Verbraucherzentrale
- ☒ **bei der Landeszentrale für politische Bildung**

Frage Nr. 7
Die Landeshauptstadt von Nordrhein-Westfalen heißt ...

- ☐ Köln.
- ☐ Bonn.
- ☒ **Düsseldorf.**
- ☐ Dortmund.

Frage Nr. 8
Welches Bundesland ist Nordrhein-Westfalen?

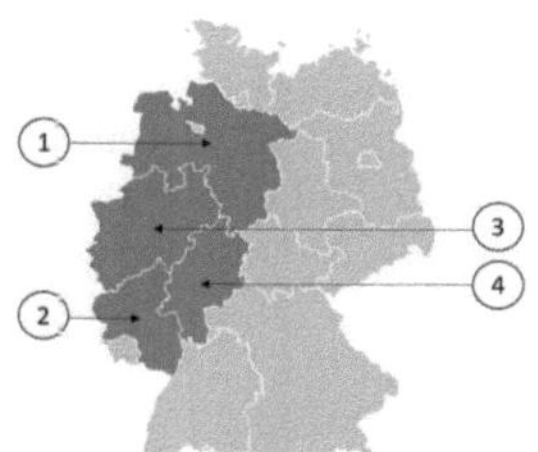

- [ ] 1
- [ ] 2
- [x] 3
- [ ] 4

Frage Nr. 9
Wie nennt man die Regierungschefin/den Regierungschef in Nordrhein-Westfalen?

- [ ] Erste Ministerin/Erster Minister
- [ ] Premierministerin/Premierminister
- [ ] Bürgermeisterin/Bürgermeister
- [x] **Ministerpräsidentin/Ministerpräsident**

Frage Nr. 10
Welche Ministerin/welchen Minister hat Nordrhein-Westfalen nicht?

- [ ] Justizministerin/Justizminister
- [x] **Außenministerin/Außenminister**
- [ ] Finanzministerin/Finanzminister
- [ ] Innenministerin/Innenminister

Rheinland-Pfalz

Rheinland-Pfalz ist ein Bundesland im Südwesten Deutschlands mit einer Fläche von 19.853 Quadratkilometern und einer Bevölkerung von etwa 4,1 Millionen Menschen. Die Hauptstadt von Rheinland-Pfalz ist Mainz.

Geschichte: Rheinland-Pfalz hat eine lange Geschichte, die bis in die Antike zurückreicht. Die Region war im Mittelalter Teil des Heiligen Römischen Reiches und später Teil des französischen Kaiserreichs. Nach dem Zweiten Weltkrieg wurde Rheinland-Pfalz durch die Zusammenlegung von Teilen der preußischen Rheinprovinz, der bayerischen Rheinpfalz und dem Land Hessen-Pfalz gebildet.

Kultur: Rheinland-Pfalz hat eine reiche Kultur- und Kunstszene, einschließlich Theater, Musik, Literatur und Kunst. Die Stadt Mainz ist bekannt für ihren Dom und ihre Fastnacht. Die Stadt Koblenz liegt an der Mündung von Rhein und Mosel und ist ein wichtiger touristischer Anziehungspunkt. In der Region gibt es viele historische Städte und Dörfer, darunter Trier, die älteste Stadt Deutschlands.

Wirtschaft: Rheinland-Pfalz hat eine vielfältige Wirtschaft, die von der Landwirtschaft bis hin zur Automobilindustrie reicht. Die Region ist auch ein wichtiger Standort für die Produktion von Chemikalien, Maschinenbau und erneuerbaren Energien.

Politik: Das Land Rheinland-Pfalz hat eine eigene Landesregierung und ein eigenes Parlament.

Sehenswürdigkeiten: Zu den bekanntesten Sehenswürdigkeiten in Rheinland-Pfalz gehören der Dom zu Mainz, die Burg Eltz an der Mosel, die Porta Nigra in Trier und die Loreley am Rhein. Es gibt auch viele historische Städte und Dörfer in der Region, darunter Speyer und Worms. Die Region ist auch bekannt für ihre zahlreichen Weinanbaugebiete, darunter die Mosel, die Pfalz und das Rheintal.

Frage Nr. 1
Welches Wappen gehört zum Bundesland Rheinland-Pfalz?

| Bild 1 | Bild 2 | Bild 3 | Bild 4 |

☒ **Bild 1**
☐ **Bild 2**
☐ **Bild 3**
☐ **Bild 4**

Frage Nr. 2
Welches ist ein Landkreis in Rheinland-Pfalz?

- ☒ **Westerwaldkreis**
- ☐ Altötting
- ☐ Emsland
- ☐ Prignitz

Frage Nr. 3
Für wie viele Jahre wird der Landtag in Rheinland-Pfalz gewählt?

- ☐ 3
- ☐ 4
- ☒ 5
- ☐ 6

Frage Nr. 4
Ab welchem Alter darf man in Rheinland-Pfalz bei Kommunalwahlen wählen?

- ☐ 14
- ☐ 16
- ☒ 18
- ☐ 20

Frage Nr. 5
Welche Farben hat die Landesflagge von Rheinland-Pfalz?

- ☐ weiß-rot
- ☒ **schwarz-rot-gold**
- ☐ schwarz-gelb
- ☐ grün-weiß-rot

Frage Nr. 6
Wo können Sie sich in Rheinland-Pfalz über politische Themen informieren?

- ☐ bei den Kirchen
- ☐ bei der Verbraucherzentrale
- ☐ beim Ordnungsamt der Gemeinde
- ☒ **bei der Landeszentrale für politische Bildung**

Frage Nr. 7
Die Landeshauptstadt von Rheinland-Pfalz heißt ...

- ☒ **Mainz.**
- ☐ Kaiserslautern.
- ☐ Ludwigshafen.
- ☐ Koblenz.

Rheinland-Pfalz

Frage Nr. 8
Welches Bundesland ist Rheinland-Pfalz?

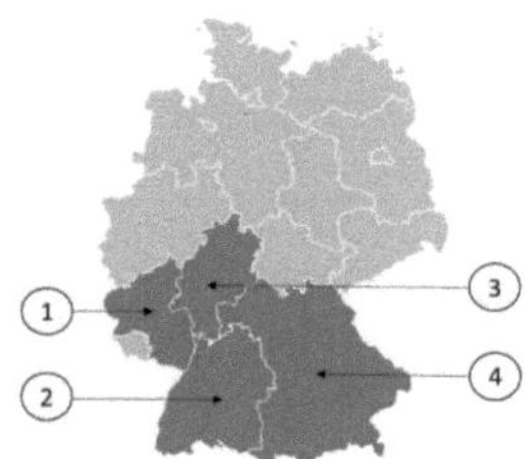

☒ 1
☐ 2
☐ 3
☐ 4

Frage Nr. 9
Wie nennt man die Regierungschefin/den Regierungschef in Rheinland-Pfalz?

☐ Erste Ministerin/Erster Minister
☐ Premierministerin/Premierminister
☐ Bürgermeisterin/Bürgermeister
☒ **Ministerpräsidentin/Ministerpräsident**

Frage Nr. 10
Welche Ministerin/welchen Minister hat Rheinland-Pfalz nicht?

☐ Justizministerin/Justizminister
☒ **Außenministerin/Außenminister**
☐ Finanzministerin/Finanzminister
☐ Innenministerin/Innenminister

Das Saarland ist ein kleines Bundesland im Südwesten Deutschlands mit einer Fläche von 2.570 Quadratkilometern und einer Bevölkerung von etwa 990.000 Menschen. Die Hauptstadt von Saarland ist Saarbrücken.

Geschichte: Das Saarland hat eine lange Geschichte und war in der Vergangenheit Teil des Römischen Reiches und später Teil Frankreichs und Deutschlands. Nach dem Zweiten Weltkrieg wurde das Saarland unter französischer Verwaltung gestellt und später 1957 ein eigenständiges Bundesland innerhalb der Bundesrepublik Deutschland.

Kultur: Das Saarland hat eine reiche Kultur- und Kunstszene, einschließlich Theater, Musik, Literatur und Kunst. Die Stadt Saarbrücken ist bekannt für ihre barocke Altstadt und ihre Universität. In der Region gibt es viele historische Städte und Dörfer, darunter St. Wendel und Ottweiler.

Wirtschaft: Das Saarland hat eine vielfältige Wirtschaft, die von der Schwerindustrie bis hin zur IT-Branche reicht. Die Region ist auch ein wichtiger Standort für die Produktion von Stahl und Aluminium.

Politik: Das Land Saarland hat eine eigene Landesregierung und ein eigenes Parlament.

Sehenswürdigkeiten: Zu den bekanntesten Sehenswürdigkeiten im Saarland gehören das Weltkulturerbe Völklinger Hütte, die Burg Eltz im Saar-Hunsrück und die barocke Altstadt von Saarlouis. Es gibt auch viele historische Städte und Dörfer in der Region, darunter Merzig und Blieskastel. Die Saarschleife, eine Schleife der Saar, und der Bostalsee sind auch beliebte Ziele für Outdoor-Aktivitäten.

Frage Nr. 1
Welches Wappen gehört zum Bundesland Saarland?

☐ Bild 1
☐ Bild 2
☐ Bild 3
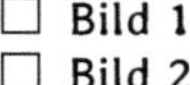 **Bild 4**

Saarland

Frage Nr. 2
Welches ist ein Landkreis im Saarland?

- ☐ Mecklenburgische Seenplatte
- ☐ Altötting
- ☒ **Neunkirchen**
- ☐ Rhein-Sieg-Kreis

Frage Nr. 3
Für wie viele Jahre wird der Landtag des Saarlandes gewählt?

- ☐ 3
- ☐ 4
- ☒ 5
- ☐ 6

Frage Nr. 4
Ab welchem Alter darf man im Saarland bei Kommunalwahlen wählen?

- ☐ 14
- ☐ 16
- ☒ **18**
- ☐ 20

Frage Nr. 5
Welche Farben hat die Landesflagge des Saarlandes?

- ☐ weiß-blau
- ☒ **schwarz-rot-gold**
- ☐ schwarz-gelb
- ☐ grün-weiß-rot

Frage Nr. 6
Wo können Sie sich im Saarland über politische Themen informieren?

- ☐ bei den Kirchen
- ☒ **bei der Landeszentrale für politische Bildung**
- ☐ bei der Verbraucherzentrale
- ☐ beim Ordnungsamt der Gemeinde

Frage Nr. 7
Die Landeshauptstadt des Saarlandes heißt ...

- ☐ Neunkirchen.
- ☐ Homburg.
- ☒ **Saarbrücken.**
- ☐ Völklingen.

Frage Nr. 8
Welches Bundesland ist das Saarland?

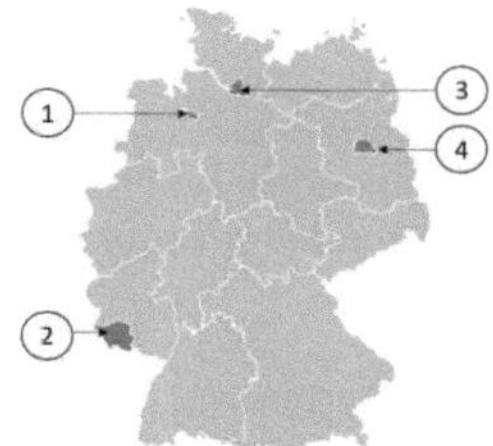

☐ 1
☒ 2
☐ 3
☐ 4

Frage Nr. 9
Wie nennt man die Regierungschefin/den Regierungschef des Saarlandes?

☐ Erste Ministerin/Erster Minister
☐ Premierministerin/Premierminister
☐ Bürgermeisterin/Bürgermeister
☒ **Ministerpräsidentin/Ministerpräsident**

Frage Nr. 10
Welche Ministerin/welchen Minister hat das Saarland nicht?

☐ Justizministerin/Justizminister
☒ **Außenministerin/Außenminister**
☐ Finanzministerin/Finanzminister
☐ Innenministerin/Innenminister

Sachsen

Sachsen ist ein Bundesland im Osten Deutschlands mit einer Fläche von 18.416 Quadrat-kilometern und einer Bevölkerung von etwa 4,1 Millionen Menschen. Die Hauptstadt von Sachsen ist Dresden.

Geschichte: Sachsen hat eine lange Geschichte, die bis in die Antike zurückreicht. Im Mit-telalter war Sachsen ein wichtiger Bestandteil des Heiligen Römischen Reiches. In der Zeit des Nationalsozialismus war Sachsen Schauplatz einiger bedeutender Ereignisse, darunter die Pogrome gegen Juden während der Reichspogromnacht.

Kultur: Sachsen hat eine reiche Kultur- und Kunstszene, einschließlich Theater, Musik, Literatur und Kunst. Dresden ist bekannt für seine Barockarchitektur und seine Kunst-sammlungen. Leipzig ist ein wichtiger Standort für Musik und Literatur und verfügt über zahlreiche Museen und Galerien. In der Region gibt es viele historische Städte und Dörfer, darunter Meißen und Görlitz.

Wirtschaft: Sachsen hat eine vielfältige Wirtschaft, die von der Automobilindustrie bis hin zur Mikroelektronik reicht. Die Region ist auch ein wichtiger Standort für die Produktion von Maschinenbau und erneuerbaren Energien.

Politik: Das Land Sachsen hat eine eigene Landesregierung und ein eigenes Parlament.

Sehenswürdigkeiten: Zu den bekanntesten Sehenswürdigkeiten in Sachsen gehören die Frauenkirche in Dresden, die Semperoper in Dresden, die Festung Königstein und das Schloss Moritzburg. Es gibt auch viele historische Städte und Dörfer in der Region, dar-unter Bautzen und Zwickau. Der Nationalpark Sächsische Schweiz ist auch ein beliebtes Ziel für Outdoor-Aktivitäten.

Frage Nr. 1
Welches Wappen gehört zum Freistaat Sachsen?

Bild 1   Bild 2   Bild 3   Bild 4

☐ Bild 1
☐ Bild 2
☐ Bild 3
☒ **Bild 4**

Frage Nr. 2
Welches ist ein Landkreis in Sachsen?

- ☒ **Vogtlandkreis**
- ☐ Altötting
- ☐ Uckermark
- ☐ Nordfriesland

Frage Nr. 3
Für wie viele Jahre wird der Landtag in Sachsen gewählt?

- ☐ 3
- ☐ 4
- ☒ 5
- ☐ 6

Frage Nr. 4
Ab welchem Alter darf man in Sachsen bei Kommunalwahlen wählen?

- ☐ 14
- ☐ 16
- ☒ 18
- ☐ 20

Frage Nr. 5
Welche Farben hat die Landesflagge von Sachsen?

- ☐ blau-weiß-rot
- ☒ **weiß-grün**
- ☐ grün-weiß-rot
- ☐ schwarz-gelb

Frage Nr. 6
Wo können Sie sich in Sachsen über politische Themen informieren?

- ☒ **bei der Landeszentrale für politische Bildung**
- ☐ beim Ordnungsamt der Gemeinde
- ☐ bei den Kirchen
- ☐ bei der Verbraucherzentrale

Frage Nr. 7
Die Landeshauptstadt von Sachsen heißt ...

- ☐ Leipzig.
- ☒ **Dresden.**
- ☐ Chemnitz.
- ☐ Zwickau.

Sachsen

Frage Nr. 8
Welches Bundesland ist Sachsen?

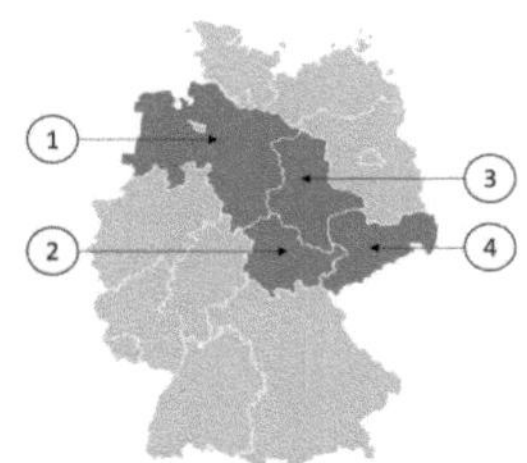

- ☐ 1
- ☐ 2
- ☐ 3
- ☑ 4

Frage Nr. 9
Wie nennt man die Regierungschefin/den Regierungschef in Sachsen?

- ☐ Erste Ministerin/Erster Minister
- ☐ Premierministerin/Premierminister
- ☐ Bürgermeisterin/Bürgermeister
- ☑ **Ministerpräsidentin/Ministerpräsident**

Frage Nr. 10
Welche Ministerin/welchen Minister hat Sachsen nicht?

- ☐ Justizministerin/Justizminister
- ☑ **Außenministerin/Außenminister**
- ☐ Finanzministerin/Finanzminister
- ☐ Innenministerin/Innenminister

Sachsen-Anhalt ist ein Bundesland im Osten Deutschlands mit einer Fläche von 20.445 Quadratkilometern und einer Bevölkerung von etwa 2,2 Millionen Menschen. Die Hauptstadt von Sachsen-Anhalt ist Magdeburg.

Geschichte: Sachsen-Anhalt hat eine lange Geschichte, die bis in die Antike zurückreicht. Im Mittelalter war Sachsen-Anhalt Teil des Heiligen Römischen Reiches und später Teil Preußens. Während des Zweiten Weltkriegs wurde die Region stark zerstört, aber später wieder aufgebaut.

Kultur: Sachsen-Anhalt hat eine reiche Kultur- und Kunstszene, einschließlich Theater, Musik, Literatur und Kunst. Die Stadt Halle ist bekannt für ihre Franckesche Stiftungen und ihre Universität. Dessau ist bekannt für seine Bauhaus-Architektur und das Bauhaus-Museum. In der Region gibt es viele historische Städte und Dörfer, darunter Quedlinburg und Wittenberg.

Wirtschaft: Sachsen-Anhalt hat eine vielfältige Wirtschaft, die von der Landwirtschaft bis hin zur Chemieindustrie reicht. Die Region ist auch ein wichtiger Standort für die Produktion von erneuerbaren Energien, insbesondere von Windenergieanlagen.

Politik: Das Land Sachsen-Anhalt hat eine eigene Landesregierung und ein eigenes Parlament.

Sehenswürdigkeiten: Zu den bekanntesten Sehenswürdigkeiten in Sachsen-Anhalt gehören das Bauhaus in Dessau, die Lutherstadt Wittenberg, der Dom zu Magdeburg und die Altstadt von Quedlinburg. Es gibt auch viele historische Städte und Dörfer in der Region, darunter Naumburg und Stendal. Der Harz und die Saale-Unstrut-Region sind auch beliebte Ziele für Outdoor-Aktivitäten.

Frage Nr. 1
Welches Wappen gehört zum Bundesland Sachsen-Anhalt?

Bild 1   Bild 2   Bild 3   Bild 4

☐ Bild 1
☐ Bild 2
☐ Bild 3
☒ **Bild 4**

Sachsen-Anhalt

Frage Nr. 2
Welches ist ein Landkreis in Sachsen-Anhalt?

- ☐ Ammerland
- ☐ Altötting
- ☐ Uckermark
- ☒ **Börde**

Frage Nr. 3
Für wie viele Jahre wird der Landtag in Sachsen-Anhalt gewählt?

- ☐ 3
- ☐ 4
- ☒ 5
- ☐ 6

Frage Nr. 4
Ab welchem Alter darf man in Sachsen-Anhalt bei Kommunalwahlen wählen?

- ☐ 14
- ☒ 16
- ☐ 18
- ☐ 20

Frage Nr. 5
Welche Farben hat die Landesflagge von Sachsen-Anhalt?

- ☐ blau-weiß-rot
- ☒ **gelb-schwarz**
- ☐ grün-weiß-rot
- ☐ weiß-rot

Frage Nr. 6
Wo können Sie sich in Sachsen-Anhalt über politische Themen informieren?

- ☐ bei den Kirchen
- ☒ **bei der Landeszentrale für politische Bildung**
- ☐ beim Ordnungsamt der Gemeinde
- ☐ bei der Verbraucherzentrale

Frage Nr. 7
Die Landeshauptstadt von Sachsen-Anhalt heißt ...

- ☐ Halle.
- ☐ Dessau.
- ☒ **Magdeburg.**
- ☐ Wittenberg.

Frage Nr. 8
Welches Bundesland ist Sachsen-Anhalt?

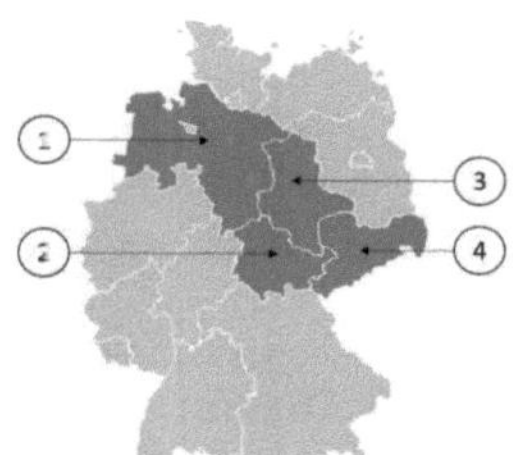

- ☐ 1
- ☐ 2
- ☑ 3
- ☐ 4

Frage Nr. 9
Wie nennt man die Regierungschefin/den Regierungschef in Sachsen-Anhalt?

- ☐ Erste Ministerin/Erster Minister
- ☐ Premierministerin/Premierminister
- ☐ Bürgermeisterin/Bürgermeister
- ☑ **Ministerpräsidentin/Ministerpräsident**

Frage Nr. 10
Welche Ministerin/welchen Minister hat Sachsen-Anhalt nicht?

- ☐ Justizministerin/Justizminister
- ☑ **Außenministerin/Außenminister**
- ☐ Finanzministerin/Finanzminister
- ☐ Innenministerin/Innenminister

Schleswig-Holstein

Schleswig-Holstein ist ein Bundesland im Norden Deutschlands mit einer Fläche von 15.799 Quadratkilometern und einer Bevölkerung von etwa 2,9 Millionen Menschen. Die Hauptstadt von Schleswig-Holstein ist Kiel.

Geschichte: Schleswig-Holstein hat eine lange und wechselvolle Geschichte. Die Region war im Mittelalter Teil des dänischen Königreichs und später Teil des Herzogtums Schleswig und des Herzogtums Holstein. Im 19. Jahrhundert wurde die Region durch den Konflikt zwischen Dänemark und Preußen über die Souveränität von Schleswig und Holstein geprägt.

Kultur: Schleswig-Holstein hat eine reiche Kultur- und Kunstszene, einschließlich Theater, Musik, Literatur und Kunst. Die Stadt Lübeck ist bekannt für ihre Altstadt und ihr Marzipan. Kiel ist ein wichtiger Standort für Segelsport und hat eine lebhafte studentische Szene. In der Region gibt es viele historische Städte und Dörfer, darunter Flensburg und Schleswig.

Wirtschaft: Schleswig-Holstein hat eine vielfältige Wirtschaft, die von der Landwirtschaft bis hin zur Windenergieindustrie reicht. Die Region ist auch ein wichtiger Standort für den Schiffbau und die maritime Wirtschaft.

Politik: Das Land Schleswig-Holstein hat eine eigene Landesregierung und ein eigenes Parlament.

Sehenswürdigkeiten: Zu den bekanntesten Sehenswürdigkeiten in Schleswig-Holstein gehören die Altstadt von Lübeck, das Schloss Gottorf in Schleswig, der Nationalpark Schleswig-Holsteinisches Wattenmeer und das Holstentor in Lübeck. Es gibt auch viele historische Städte und Dörfer in der Region, darunter Eckernförde und Husum. Die Strände entlang der Ostseeküste sind auch beliebte Ziele für Sommerurlauber.

Frage Nr. 1
Welches Wappen gehört zum Bundesland Schleswig-Holstein?

- ☐ Bild 1
- ☐ Bild 2
- ☑ **Bild 3**
- ☐ Bild 4

Frage Nr. 2

Welches ist ein Landkreis in Schleswig-Holstein?

- ☐ Ammerland
- ☐ Mecklenburgische Seenplatte
- ☒ **Nordfriesland**
- ☐ Rhein-Sieg-Kreis

Frage Nr. 3

Für wie viele Jahre wird der Landtag in Schleswig-Holstein gewählt?

- ☐ 3
- ☐ 4
- ☒ 5
- ☐ 6

Frage Nr. 4

Ab welchem Alter darf man in Schleswig-Holstein bei Kommunalwahlen wählen?

- ☐ 14
- ☒ 16
- ☐ 18
- ☐ 20

Frage Nr. 5

Welche Farben hat die Landesflagge von Schleswig-Holstein?

- ☐ weiß-blau
- ☒ **blau-weiß-rot**
- ☐ weiß-rot
- ☐ grün-weiß-rot

Frage Nr. 6

Wo können Sie sich in Schleswig-Holstein über politische Themen informieren?

- ☐ bei der Verbraucherzentrale
- ☐ beim Ordnungsamt der Gemeinde
- ☒ **beim / bei der Landesbeauftragten für politische Bildung**
- ☐ bei den Kirchen

Frage Nr. 7

Die Landeshauptstadt von Schleswig-Holstein heißt ...

- ☐ Husum.
- ☐ Flensburg.
- ☐ Lübeck.
- ☒ **Kiel.**

Schleswig-Holstein

Frage Nr. 8
Welches Bundesland ist Schleswig-Holstein?

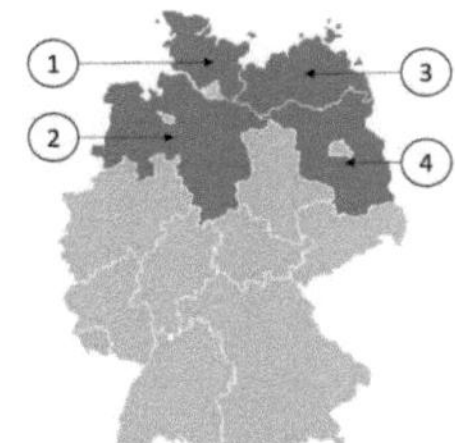

- ☒ 1
- ☐ 2
- ☐ 3
- ☐ 4

Frage Nr. 9
Wie nennt man die Regierungschefin/den Regierungschef in Schleswig-Holstein?

- ☐ Erste Ministerin/Erster Minister
- ☐ Premierministerin/Premierminister
- ☐ Bürgermeisterin/Bürgermeister
- ☒ **Ministerpräsidentin/Ministerpräsident**

Frage Nr. 10
Welche Ministerin/welchen Minister hat Schleswig-Holstein nicht?

- ☐ Justizministerin/Justizminister
- ☒ **Außenministerin/Außenminister**
- ☐ Finanzministerin/Finanzminister
- ☐ Innenministerin/Innenminister

Thüringen ist ein Bundesland im Osten Deutschlands mit einer Fläche von 16.171 Quadratkilometern und einer Bevölkerung von etwa 2,1 Millionen Menschen. Die Hauptstadt von Thüringen ist Erfurt.

Geschichte: Thüringen hat eine lange Geschichte, die bis in die Antike zurückreicht. Im Mittelalter war Thüringen ein wichtiger Bestandteil des Heiligen Römischen Reiches und später Teil des Königreichs Preußen. In der Zeit des Nationalsozialismus war Thüringen Schauplatz einiger bedeutender Ereignisse, darunter die Reichspogromnacht und die Errichtung des KZ Buchenwald.

Kultur: Thüringen hat eine reiche Kultur- und Kunstszene, einschließlich Theater, Musik, Literatur und Kunst. Erfurt ist bekannt für seine Altstadt und seine Krämerbrücke. Weimar ist ein wichtiger Standort für Literatur und Kunst und war einst die Hauptstadt Deutschlands während der Weimarer Republik. In der Region gibt es viele historische Städte und Dörfer, darunter Eisenach und Jena.

Wirtschaft: Thüringen hat eine vielfältige Wirtschaft, die von der Automobilindustrie bis hin zur Mikroelektronik reicht. Die Region ist auch ein wichtiger Standort für die Produktion von Optik, Maschinenbau und erneuerbaren Energien.

Politik: Das Land Thüringen hat eine eigene Landesregierung und ein eigenes Parlament.

Sehenswürdigkeiten: Zu den bekanntesten Sehenswürdigkeiten in Thüringen gehören die Wartburg bei Eisenach, das Schloss Belvedere in Weimar, die Erfurter Altstadt und das Bauhaus-Museum in Weimar. Es gibt auch viele historische Städte und Dörfer in der Region, darunter Gotha und Meiningen. Der Thüringer Wald und der Nationalpark Hainich sind auch beliebte Ziele für Outdoor-Aktivitäten.

Frage Nr. 1
Welches Wappen gehört zum Freistaat Thüringen?

- ☐ Bild 1
- ☐ Bild 2
- ☐ Bild 3
- ☒ **Bild 4**

Thüringen

Frage Nr. 2
Welches ist ein Landkreis in Thüringen?

- ☐ Ammerland
- ☐ Altötting
- ☐ Nordfriesland
- ☑ **Wartburgkreis**

Frage Nr. 3
Für wie viele Jahre wird der Landtag in Thüringen gewählt?

- ☐ 3
- ☐ 4
- ☑ 5
- ☐ 6

Frage Nr. 4
Ab welchem Alter darf man in Thüringen bei Kommunalwahlen wählen?

- ☐ 14
- ☐ 16
- ☑ 18
- ☐ 20

Frage Nr. 5
Welche Farben hat die Landesflagge von Thüringen?

- ☐ blau-weiß-rot
- ☑ **weiß-rot**
- ☐ grün-weiß-rot
- ☐ schwarz-gold

Frage Nr. 6
Wo können Sie sich in Thüringen über politische Themen informieren?

- ☐ bei den Kirchen
- ☐ bei der Verbraucherzentrale
- ☑ **bei der Landeszentrale für politische Bildung**
- ☐ beim Ordnungsamt der Gemeinde

Frage Nr. 7
Die Landeshauptstadt von Thüringen heißt ...

- ☐ Eisenach.
- ☑ **Erfurt.**
- ☐ Gera.
- ☐ Jena.

Frage Nr. 8
Welches Bundesland ist Thüringen?

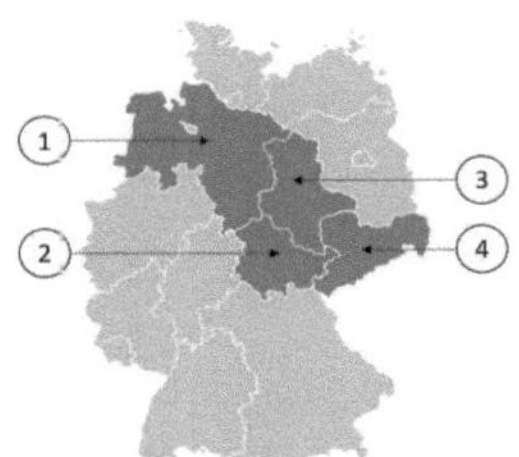

☐ 1
☒ 2
☐ 3
☐ 4

Frage Nr. 9
Wie nennt man die Regierungschefin/den Regierungschef in Thüringen?

☐ Erste Ministerin/Erster Minister
☐ Premierministerin/Premierminister
☐ Bürgermeisterin/Bürgermeister
☒ **Ministerpräsidentin/Ministerpräsident**

Frage Nr. 10
Welche Ministerin/welchen Minister hat Thüringen nicht?

☐ Justizministerin/Justizminister
☒ **Außenministerin/Außenminister**
☐ Finanzministerin/Finanzminister
☐ Innenministerin/Innenminister